だれが校則を決めるのか

民主主義と学校

だれが校則を決めるのか

民主主義と学校

内田良・山本宏樹 編

岩波書店

はじめに

内田　良

ツーブロック禁止、コート着用禁止、下着の色は白限定と、中学校や高校の「校則」が、生徒の学校生活を規制している。そうした学校の現実と、「理不尽すぎる」「学校は非常識」といった声がマスコミから報じられる。そして校則を変えるべく数名の生徒が立ち上がり、教師に働きかけ、全校生徒さらには保護者や地域住民をも巻き込みながら、半年から一年近くかけて、実際に校則が変わっていく。自分たちのルールを、「主権者」たる生徒が自分たちの力で構築していく。生徒がみずから考えて粘り強く行動する姿に、私たちは日本社会の明るい未来を展望する。

しかしながら、気がかりなことが一つある。理不尽な校則やその改革の取り組みは各地で実践されまた報じられてきた。その情報量に比して、校則を教育学的に検証しようという試みは、いまだ貧弱だ。理不尽に抗して少しずつ成果を勝ち取っていく若者の姿は、わかりやすい物語として、お茶の間に享受される。それで終わってしまえば、校則というイシューは、ただ消費されるだけである。お茶の間から学術の場へ、一つの物語から教育学研究の枠組みへ——教育学の複数の研究領域にまたがって、校則ならびにその改革の取り組みを実践的かつ学術的に検討することが本書の企てである。

かつて一九八六年に、『「校則」の研究――だれのための生徒心得か』(三一書房)という書籍が刊行された。当時、全国的に学校が荒れるなか、校則問題を中心に管理主義教育批判の論陣を張った坂本秀夫氏の著作である。その冒頭で、氏は次のように述べている。

> およそ民主国家であるならば、憲法・法律は国民の人権・権利を守るためにある。そして代表者を通して国民自らが決定するのが常識である。
> しかし校則は、生徒を管理し取締るためにある。そして教師が一方的に決定し生徒におしつけているのが普通である。(略)人権・権利を守るために規則をつくるという民主社会の根幹が、つまり〈法〉の教育が今日の学校教育で忘れられているということは、考えてみれば驚くべきことである。
>
> (『「校則」の研究』二頁)

なるほど、各校の校則を手に取ると、冒頭から身なりや頭髪、行動に関する規制項目が羅列されているだけのことが多い。それが教師から生徒へと、一方的に伝達される。生徒の権利を保障する理念、生徒を守るための筋立ては、どこにあるのか。生徒の権利が不透明なままでの校則改革に、未来はあるのか。そして校則とはそもそも、いったいだれが、どのようにして、つくりあげるべきなのか。坂本氏による四〇年近く前の問いかけに、今日的文脈をふまえて、回答を試みていきたい。

本書の各章に入る前に、校則問題を読み解くうえでの、いくつかの前提や留意点を示しておこう。

第一に、現行では、校則に法的な強制力はない。校則制定の権限は、学校運営の責任者である校長にあるとされている。また、教師と生徒は非対称的な権力関係に置かれている。その意味で、校則のあり方は教師あるいは校長の裁量にゆだねられている。

第二に、校則によって何らかの不利益を被ったとする生徒・保護者側が原告となって、校則の違法性を問うた民事訴訟がいくつかある。だが、校則そのものの違法性を認めた裁判例は、これまでのところ「ない」とされている。

第三に、「校則」とはいうものの、各校では実際には「生徒心得」や「学校のきまり」といった名称で取り扱われていることが多い。「校則」とはそれらの総称である。心得・規則・ルール・法など、さまざまなニュアンスが混在しながら「校則」は議論されてきた。

第四に、実際に各校で通用している「校則」は、必ずしも明文化されているわけではない。「生徒心得」や「学校のきまり」以外に、何らかのプリントに一度記載されただけであったり、教師から生徒に口頭で伝えられているだけであったりと、規則としての根拠に乏しいものがしばしば見受けられる。

第五に、「校則」の現況は、多様である。ここ数年の校則改革ブームのなかで、さまざまな学校の取り組みが紹介されてきた。学校側が厳格な校則を強いてきたなかでその一部を緩和してほしいという生徒の要望もあれば、校則がほとんどない学校で生徒が新たに最小限のルールをつくる動きもある。また、校長が主導して校則を緩和あるいは廃止したケースもある。これらが一括して校則改革の実践として語られている。

以下、第Ⅰ部では学校の内部に着目し、第Ⅱ部では学校外にまで視野を広げて、教育学の観点から、校則の過去と現在を検証し、その未来を展望していきたい。

目　次

目次

第Ⅱ部　社会と校則

装丁／水戸部 功

第Ⅰ部

学校と校則

第1章　教師の目線、生徒の目線

――校則緩和で風紀は乱れるのか、生徒指導は増えるのか――

内田　良

1　制服のゆらぎ

頭のてっぺんからつま先まで、学校の内から外まで、多くの中学校や高校が、生徒の頭髪・服装や行動を規制している。本書を手にとっている読者は、そうした校則のあり方に、なんらかの疑問をもっていることだろう。それどころか、校則は全廃されてしかるべきと思っている読者さえ、いるかもしれない。だからこそあえてこの章では、校則に賛同する声が多くあることを前提として、議論を進めたい。複数の統計データを用いて広い視野から校則に関する意識や価値観を見える化し、校則改革の未来を検討したい。

さて、「校則」と一口に言っても、その意味するところは幅広い。「校則」は総称のようなもので、各学校では「生徒心得」や「学校のきまり」といった呼称で定められていることも多い。また、日常的に接している校則は、必ずしも明文化されているわけではない。夏休みの過ごし方などのプリントの片隅に一度書かれただけであったり、貼り紙による警告にすぎなかったり、教師から口頭で伝えられただけであったりと、ほとんど不文律のようなかたちで効力を有していることも多い。

本章ではそれら幅広い意味内容をもつ校則のなかで、その象徴の一つともいえる「制服」を中心に、その賛否を浮かび上がらせながら、改革の方途を探ることとする。

制服のあり方を見直す動きは、一九六〇年代後半に高校における学園紛争の流れのなかで、東京や北海道、長野など一部の地域で広がりをみせた（小林　二〇二〇）。一九七〇年代に入ると全国的には生徒指導上の理由として制服の着用義務が強化され、その反動として服装選択の自由を主張する立場からの制服着用に抵抗する動きもみられた（馬場　二〇〇九）。ただしそうした制服をめぐる論争も二〇〇〇年代には下火になり、制服は学校教育にあって当たり前のものとして定着したと考えられる。

制服に限らず、校則全体も二〇〇〇年代に入ってからはそれを見直すような動きはほとんど観察されてこなかったものの、二〇一七年頃から今日につながる校則改革の気運が高まることとなった。そのきっかけとなったのは、二〇一七年一〇月に大阪府立高校の女子生徒が起こした民事訴訟である。高校生時代に生まれつきの茶色い髪を黒色に染めるよう強要されて精神的苦痛を受けたとして、大阪府を相手に賠償を求めた。

時を同じくして、ジェンダー平等やＬＧＢＴＱという性的マイノリティへの関心の高まりに応じて、制服のジェンダーレス化を求める声が高まった。女子生徒のスラックス着用を認める動きは、全国的に広がっている。株式会社トンボによると、同社が取り扱っているジェンダーレス制服の採用校数は、全国の中学校・高校で、二〇一八年に三七〇校、二〇一九年に四五〇校、二〇二〇年に七五〇校、二〇二一年に一〇〇〇校強に増えているという（「朝日新聞 EduA」二〇二一年四月二日）。

二〇二〇年春に始まった新型コロナウイルスの感染拡大も、制服のあり方に一石を投じた。山梨学院高等学校ではウイルスの付着を回避するために洗いやすさの観点から体育着や私服などを推奨した（小林　二〇二〇）。熱中症対策の観点からも、体温調節の自由度を高めるために夏季の服装の自由化が導入される学校もあった。二〇〇〇年以前にたびたび交わされてきた議論の再来かのように、校則の本丸ともいえる制服のあり方がゆらぎ始めている。

2　中等教育における制服の普及状況

制服のゆらぎは、ジェンダーレス化と私服化の間で、大きく様相が異なる。ジェンダーレス化とは、制服自体は維持し、その着用のあり方を変更する取り組みである。一方で、私服化とは、制服そのものを廃止する、あるいは制服と私服の選択を可能にする取り組みである。私服化とはすなわち服装の自由化であり、そこではジェンダーレス化も同時に達成される。服装の自由化は、制服の性別区分を取り払うジェンダーレス化よりも、はるかに根本的な改革といえる。

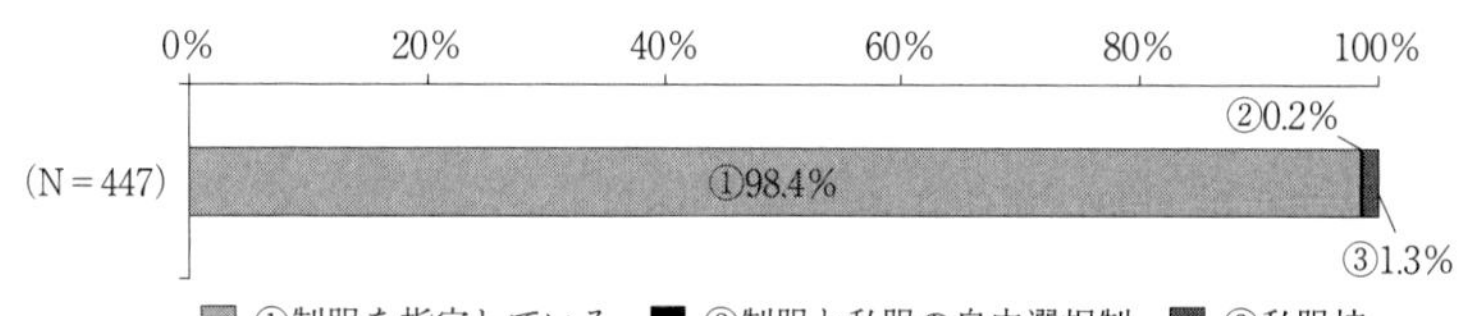

※公正取引委員会事務総局「公立中学校における制服の取引実態に関する調査報告書」より引用

図 1-1　全国の公立中学校における制服指定の状況

制服は全国的に広く導入・着用されているものの、じつは長野県の高校は特殊な状況にある。長野放送が四七都道府県の教育委員会に実施した調査によると、長野県は全国の都道府県立高校のなかで「私服率」がもっとも高く、全体の半数が私服（七八校中三九校）である。長野県内でみると、地域によりばらつきがある。松本市周辺では、一二校中一一校が私服である。一方で七校中一校のみの地域もある。松本市をはじめ大多数が私服の地域においては、もはや高校生活は私服が当たり前の風景になっている。

長野県に次いで多いのが宮城県で、私服の高校は二六・〇％（七七校中二〇校）である。その他の都道府県は軒並み私服の割合は小さく、〇～一〇％がほとんどであった（「長野放送」二〇二一年六月一二日放送）。

長野県や宮城県を除くと、全国的にはほとんどの高校で、制服着用が実質的に義務づけられている。中学校については都道府県別の実態をあらわす調査は見当たらないものの、日本全体の状況として、公正取引委員会事務総局が実施した「公立中学校における制服の取引実態に関する調査報告書」（二〇一七年）が参考となる。この調査によると、制服の取引慣行を調べるために、全国の公立中学校約一万校の中から六〇〇校を抽出して実施した質問紙調査の結果（回答数は四四七校で回収率は七四・五%、抽出方法は報告書には記載されていない）、制服を指定している学校が全体の九八・四%、制服と私服の自由選択制の学校が〇・二%、私服の学校が一・三%と、ほぼすべての中学校で制服が指定されていた【図1-1】。

中学校と高校いずれにおいても一部に例外はあるものの、今日において制服の着用は日本の中等教育に広く定着していると考えられる。こうした実状を踏まえると、制服自体の存廃を問うことのハードルは、私たちの想像以上に高いようにも見える。

3　制服を取りやめて、学校の秩序は乱れるか

「公立中学校における制服の取引実態に関する調査報告書」では、制服を指定している中学校に対して、その理由がたずねられている。

制服指定の理由（複数回答可）は、「秩序維持、生徒指導のため」が七一・九%と最多で、「学校への所属意識を高めるため」が六五・八%、「生徒や保護者への経済的負担を軽減するため」が五八・五%という結果であった【図1-2】。中学校側にとっては、「秩序維持、生徒指導のため」をはじめ、いずれも高い割合で制服の意義が認められている。言い換えると、制服着用を取りやめると、学校の秩序が乱れ、所属意識が低下し、服装（私服）の出費が増大することが懸念されている。なおこれは中学校を対象にした調査結果であるが、上記の理由は高校にも当てはま

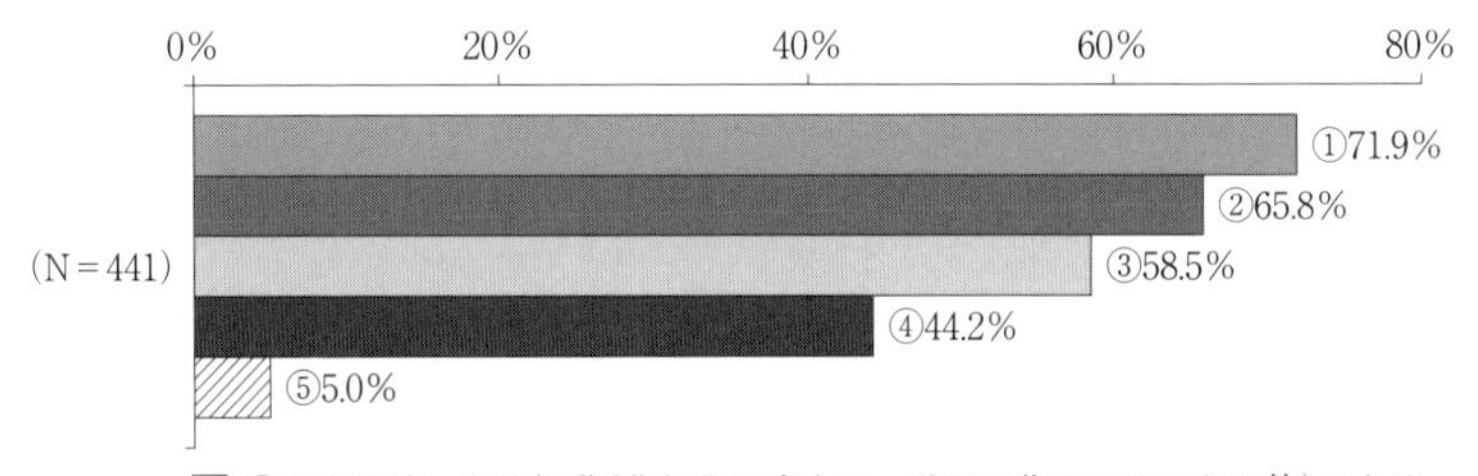

※公正取引委員会事務総局「公立中学校における制服の取引実態に関する調査報告書」より引用

図 1-2　全国の公立中学校における制服指定の理由(複数回答可)

りうるもので、高校の制服指定の理由も中学校とそれほど大きくは異なっていないと推察される。

　中等教育において制服の着用が概ね支持されているなかにあって、岐阜県にある県立岐阜北高等学校では、二〇二一年二月一五日から二六日の約二週間にわたって「制服について考える週間」が設けられ、生徒の私服登校が認められた。その取り組みの最大のきっかけは、新型コロナウイルスの感染拡大であった。コロナ禍において学校は、真冬であっても教室内を適宜換気する必要があった。同校が二月八日に保護者宛てに発出した文書「制服について考える週間」について」によると、防寒の観点から、授業中なども防寒着の着用が認められるなか、これを機に制服そのものについてのあり方を検討したいという声が、生徒会を中心にあがったという。感染症対策として、毎日洗濯できる服装が望ましいという配慮もあった。

　コロナ禍においては、夏も冬も、換気のために窓を開けざるを得ない。また、制服へのウイルスの付着も気がかりだ。岐阜北高校では、コロナ禍における暑さ・寒さ対策ならびに衛生面の配慮から、柔軟に着こなせる私服の利便性が認識されるようになり、それが制服着用という学校の当たり前を問うことにつながった。

「制服について考える週間」を経て、同校の生徒会は同年度中にアンケート調査を実施した(二〇二〇年度の全校生徒数一〇八〇名のうち六一二名が回答し、回収率は五六・七%)。たんに制服の見直しを議論するだけでなく、調査を実施しデータにもとづいて検討がくわえられている点で、意義深い取り組みである。しかも後述するとおり、同校の教職員や保護者にも調査が実施され、生徒/教職員/保護者の三者間の異同が確認できるため、とても貴重な報告である。

調査結果をみると、「制服について考える週間」における生徒の実際の服装は、制服が二四・八%、制服と私服が四〇・三%、部活の服が一九・四%、私服が一四・六%と、多様な服装が教室を飾ったようである。多様ではあったものの、「制服について考える週間」において学習にはふさわしくないように見えた服装の有無をたずねたところ、「なかった」との回答が生徒全体の九二・三%に達した【図1-3】。少なくとも調査時点における生徒の目線では、服装の自由化は学習に際してほとんど問題を生じさせることはなかった。

ただし教職員を対象に、生徒がTPOなどを考えて服装を選択できたかたずねたところでは、肯定的な意見(「そう思う」「どちらかといえばそう思う」の合計)が六四・九%と多数を占めたものの、否定的な意見(「どちらかといえばそう思わない」「そう思わない」の合計)も三五・一%と全体の約三分の一にのぼった【図1-4】。また、授業の規律が低下したかについては、そのように感

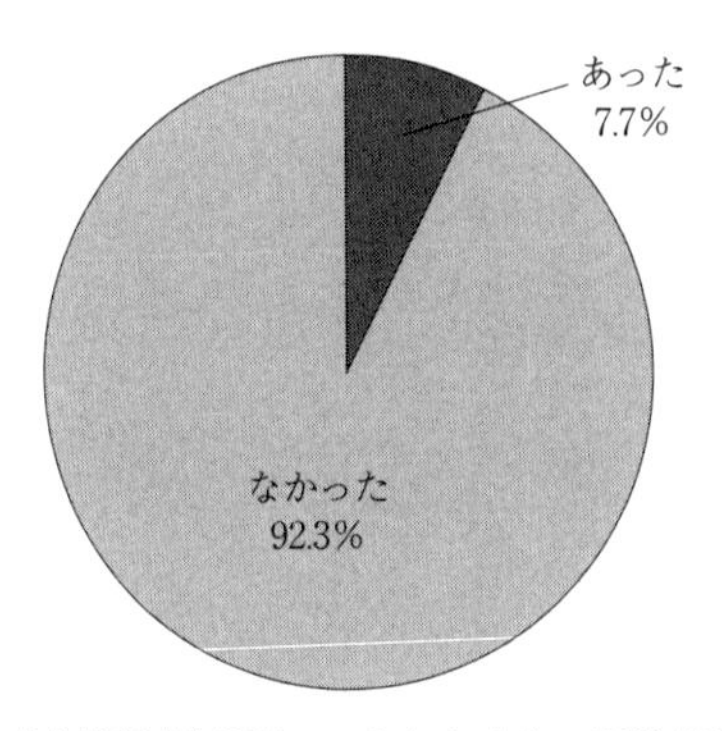

図 1-3 【生徒調査】学習にふさわしくない服装があったか

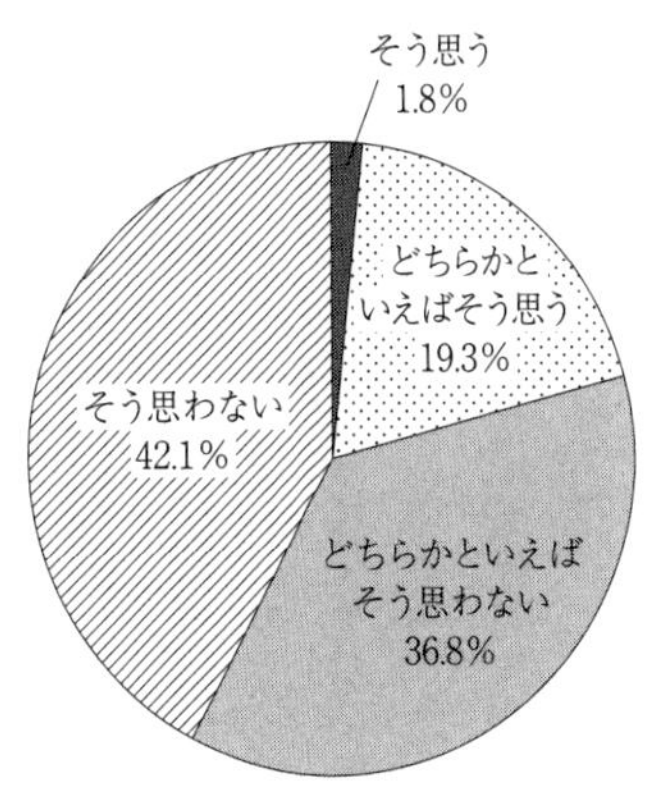

図 1-5 【教職員調査】生徒の授業規律が低下したか

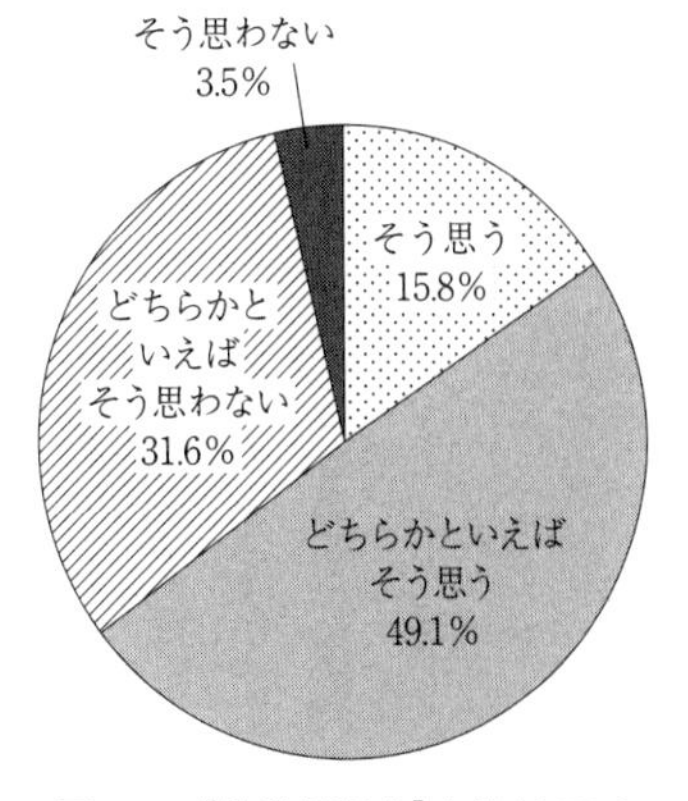

図 1-4 【教職員調査】生徒が TPO などを考えて服装を選択できたか

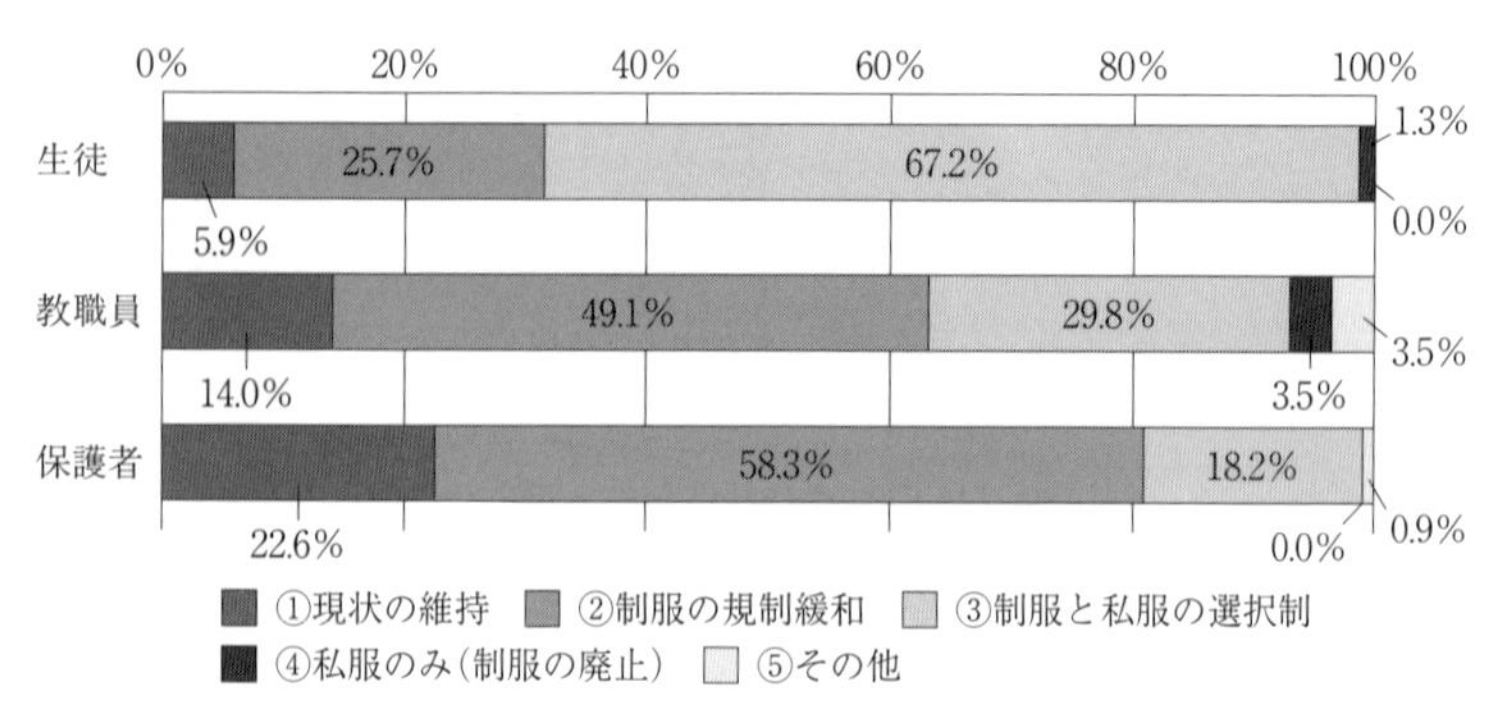

図1-6　制服のあり方に関する意見

じた教職員は二一・一％（「そう思う」「どちらかといえばそう思う」の合計）で、そう感じなかった教職員が七八・九％（「どちらかといえばそう思わない」「そう思わない」の合計）に達した。総じて、服装の自由化が実際にもたらした影響について教職員は生徒よりも負の効果を強調しがちであった【図1-5】。

調査では、生徒・教職員・保護者にいくつか共通の質問が投げかけられた。興味深いのは、今後の制服のあり方に関する回答の傾向が、生徒と教職員・保護者との間で大きく分かれた点である。

用意された選択肢は、①現状の服装規定を維持、②制服は維持するが、規制を緩和する、③服装を自由化する（制服と私服の選択制）、④私服化する、⑤その他、の五つである。基本的に①と②が制服着用を前提とする回答で、③と④が服装の自由を認める回答である。結果は、①と②の制服着用を前提とする回答は、生徒が三一・六％、教職員が六三・一％、保護者が八〇・九％であった。制服着用をめぐっては、生徒とは対照的に教職員や保護者が消極的であることがわかる【図1-6】。

生徒が声をあげても、まずもって学校内で教職員の壁がある。たとえ「制服について考える週間」において授業の規律が低下しなかったとしても、それでも教職員の間には制服を支持する声が大きい。

そして仮に学校内で生徒の声が尊重されたとしても、さらに学校の外に保護者の壁がある。保護者の八割が制服に肯定的であることからすると、制服自由化の壁は厚くて高い。なるほど、ジェンダーレス化など制服のマイナーチェンジの世論は高まってきたけれども、制服そのものの自由化に関する世論が高まらないのも、うなずける。

4　制服の自由化で生徒指導の時間は増えるのか

生徒・教員・保護者の三者間に相異があろうとも、最終的に校則を決める権限をもっているは教員集団である。生徒や保護者が学校にどのような見解を伝えたところで、その採否は教員(最終的には校長)の手に握られている。校則改革とは、教員自身が変わらなければ遂行され得ない(内田　二〇二二)。教員ははたして変わりうるのか。前節の三者間の相異につづき、本節ではより焦点をしぼって、教員間の意見の相異を明らかにしたい。

私は二〇二一年一一月下旬に共同研究(1)として、株式会社マクロミルのウェブモニターを利用して、アンケート形式により「学校の業務に関する調査」を実施した。公立小学校・中学校の教員を対象とし、フルタイム（正規採用ならびに常勤講師）で働く二〇代〜五〇代の教諭・指導教諭・主幹教諭に限定した。回答者数は小学校が四六六名、中学校が四五八名（合計で九二四名）である。なお調査の実施期間は、二〇二一年一一月二〇日（土）〜二八日（日）とした。ウェブ調査は回答のタイミングが滞在場所に拘束されないため、自宅でも回答ができる。上記日程のうち五日間が土日・祝日であり、教員が比較的回答しやすくなるよう工夫した。

「学校の業務に関する調査」では、中学校教員に対して、校則関連の質問をたずねている。まず前提として押さえておきたいのは、中学校教員はけっして子供の個性を軽視してよいと考えているわけではない。「子どもの個性を尊重すべきだ」という意見について、肯定的な態度を示したのは九四・五％を占め、否定的な態度はわずか五・五％にとどまった。

しかしながら、「生徒は制服を着用すべきだと思う」という意見については、七割近く（六九・二％）が賛同している【図1-7】。学校では、個性を尊重すべきという理念がほぼすべての教員に共有されているなかで、制服の着用が強制されている。言い換えると、制服の着用義務は、個性の尊重には抵触していない、あるいは制服の着用義務があってもなお個性が尊重されていると考えられている、と表現できる。

ここで興味深いのは、生徒は制服を着用すべきだからといって、教員はそうすべきではないという考えが大多数である。教員は制服を着用すべきと考えるのは一六・四％にとどまり、残りの八三・六％が否定的な見解を示している。服装について生徒には自由は認められないけれども、教員には自由が認められるべきとの判断である。私自身は、生徒と教員は制度上の立場

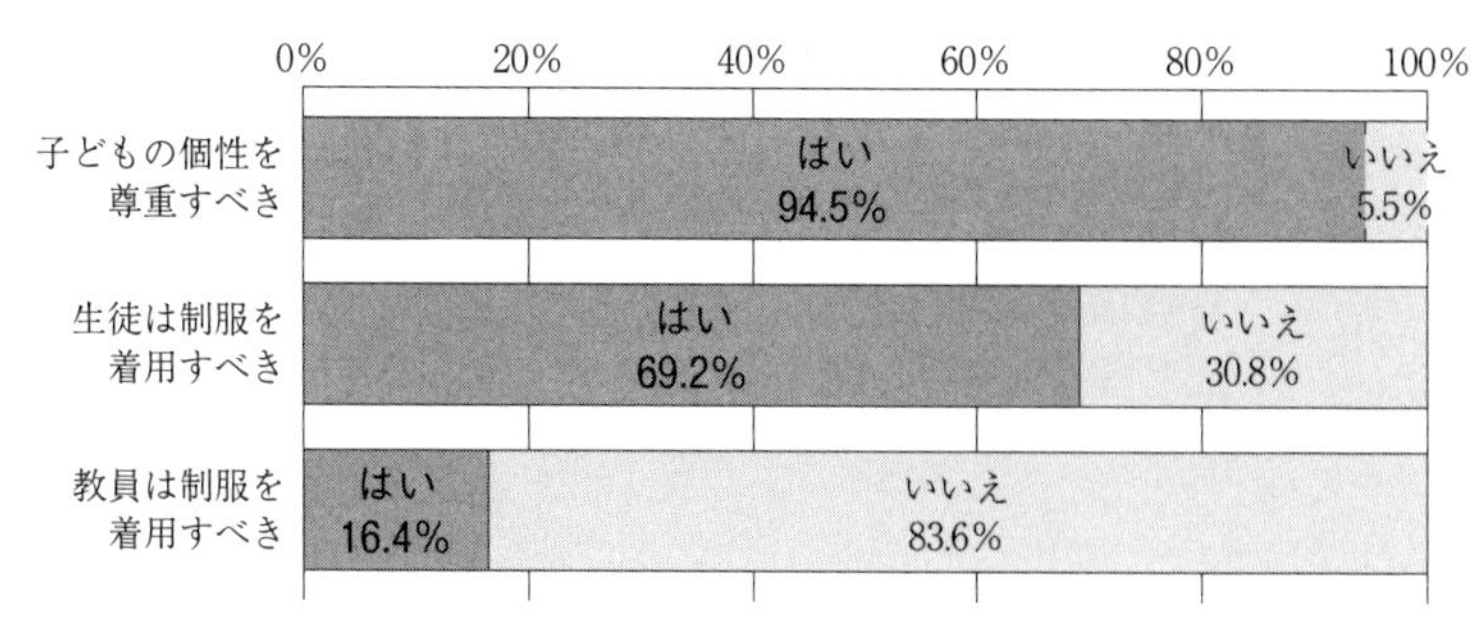

図1-7　中学校における個性の尊重と制服の着用義務

が異なるのであり、服装規定が同一であるべきとは思わない。だが改めて、生徒に制服を強制するとはどういうことなのか。どこの学校かが明白な服装で、電車や徒歩などで学校と自宅を往復したり、お店に入ったりするとはどういうことなのか。

生徒は制服を着用すべきと考える教員とそうではない教員との間で、その見える世界はずいぶんと異なっている。今日話題にあがっている教員の長時間労働に関連して、生徒は制服を着用すべきという意見に対する賛否の態度別に、「生徒の服装や頭髪などの規定をなくすと、生徒指導に要する時間が増えると思う」の回答傾向を調べた。その結果は、生徒の制服着用に肯定的な教員の六七・八%が、服装や頭髪規定をなくすと「指導に要する時間が増える」と考え、逆に制服着用に否定的な教員でそう考えるのは三一・二%にとどまり、「指導に要する時間は増えない」が六八・八%にのぼった【図1-8】。

制服を着用すべきとする側の見解は、これまで厳格な校則を支持してきた声と重なってくる。すなわち第三節

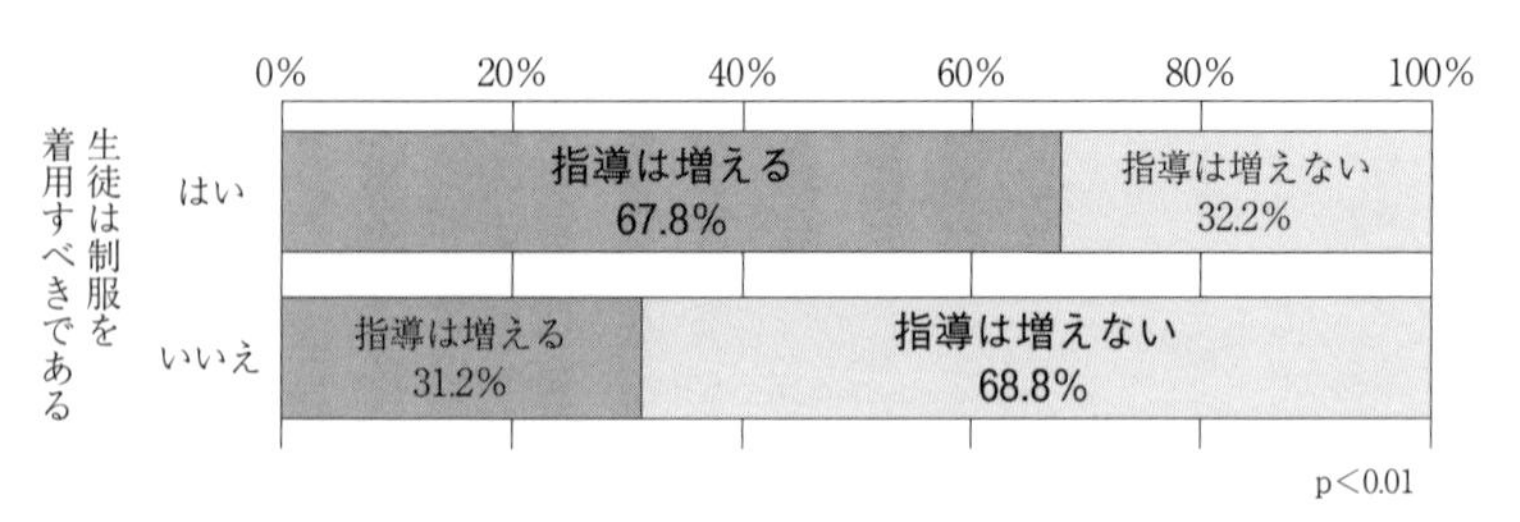

※「指導は増える」は「とても思う」「どちらかといえば思う」の合計で，「指導は増えない」は「どちらかといえば思わない」「まったく思わない」の合計

図 1-8　制服の着用義務と生徒指導に要する時間の関係

で言及したように、制服指定の理由は「秩序維持、生徒指導のため」である。生徒に自由を与えれば、秩序が乱れるなどのトラブルが発生し、かえって生徒指導の時間が増える。だから「非行の芽を摘む」べく、根本から生徒の服装や頭髪を規制しようとするのだ。

一方で、制服を着用させる必要がないと考える教員にとっては、生徒を自由にしたところで指導に要する時間は増えない。それは、素朴にトラブルが増えることはないという想定以上の意味を、もっているように思われる。すなわち、そもそも服装や頭髪の自由が尊重される学校生活においては、ツーブロックはもちろんのこと、髪の結び方も、ヘアピンの使い方も、髪の毛の色も、自由である。ルールがなければ、そこに違反という判定も生じなくなる。

「学校の業務に関する調査」はもともと長時間労働の問題を基軸に質問項目を設けている。その一つとして、服装・頭髪指導に要する時間を増やしたいか、減らしたいかをたずねている。

その結果は、まず全体として指導の時間を「とても減らしたい」が二九・五％、「やや減らしたい」が三三・〇％と、計六二・

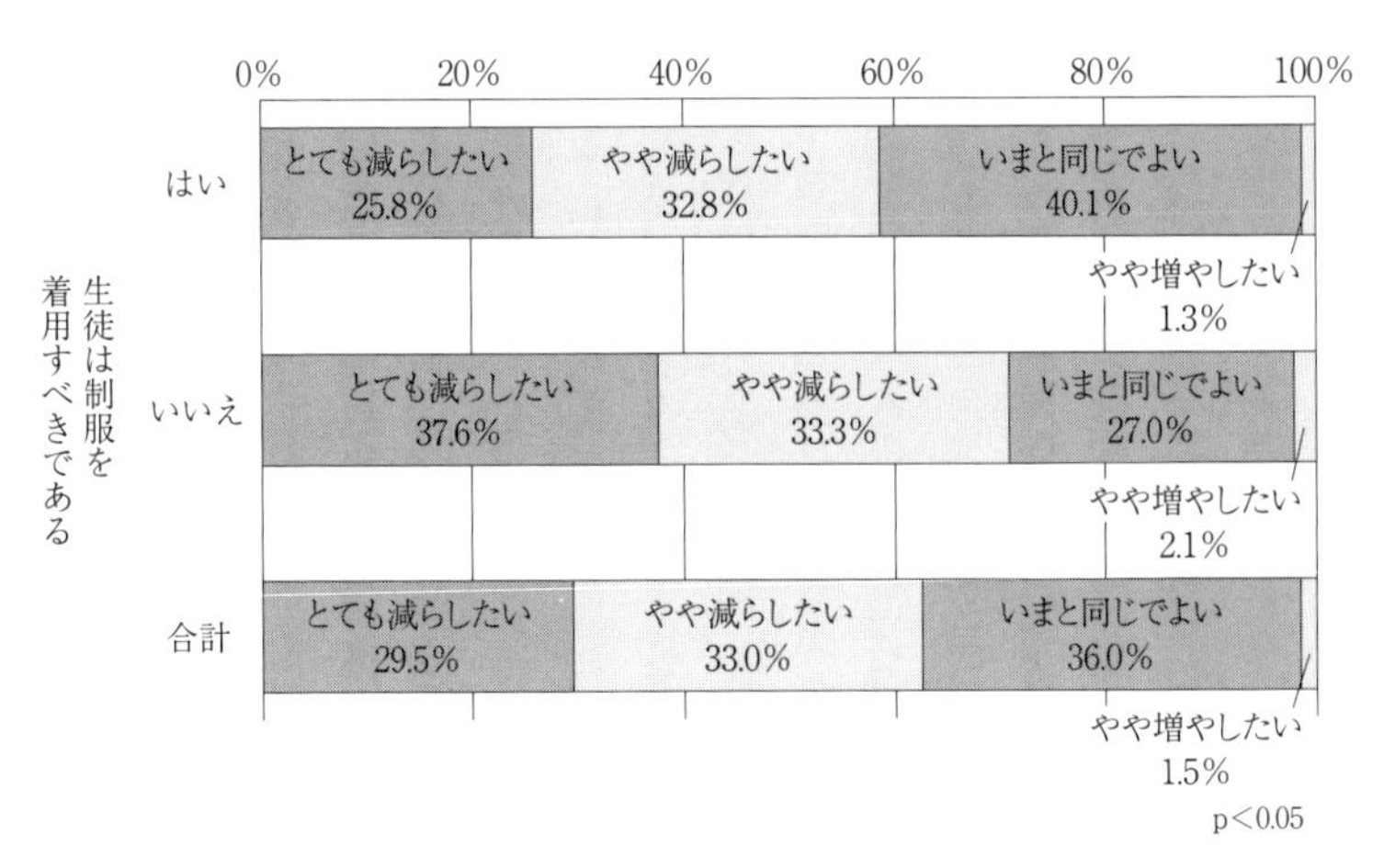

※指導にそもそもかかわっていないと回答した３名を除いている

図1-9　服装・頭髪指導にかける時間を増やしたいか，減らしたいか

五%の教員が指導時間の減少を望んでいる。「やや増やしたい」は一・五%で、「とても増やしたい」は〇(ゼロ)%であった【図1-9】。制服着用の賛否別でみると、着用を支持しない教員のほうが減らしたいとの回答する割合が高い。先にみたとおり、制服着用の義務は不要と考える教員は、校則を緩和しても指導は増えないと感じており、指導時間をより積極的に「減らしたい」と回答するのも納得できる。

いずれにしても、長時間労働の環境下において服装や頭髪にかかわる指導を減らしたいというのが教員の思いである。それをふまえると、「校則を緩和しても指導に要する時間は増えない」という教員の展望に期待を寄せたくなる。

5　コロナ禍からの学び

二〇二〇年春にはじまった新型コロナウイル

ス感染症の拡大は、校則のあり方をも変容させた。感染拡大の初期段階にあたる二〇二〇年二月、日本ではマスク不足を伝える報道が見聞きされるようになった。全国の学校でマスクの色柄は自由化された。子供も教師も、多様なマスクを使用するようになった。

振り返ってみると、コロナ禍前まで、マスクはなぜ白色のみに限定されてきたのだろうか。マスクの色指定を、「人権の侵害」「安全の軽視」と批判するだけでは、現場の狙いは見えてこない。学校側はけっして、生徒の人権を踏みにじろうとしているわけではなく、生徒を危険に晒してやろうと考えているわけでもない。むしろ、生徒の学校生活の安寧を願っている。すなわち、白色以外のマスクを認めてしまえば、次第にさまざまな色を生徒が着用するようになり、華美になっていき、生徒の日常は落ち着かなくなっていく。一言で表現すれば、「秩序が乱れる」「風紀が乱れる」ということであり、これを学校は危惧してきた。

はたして、現実はどうだったか。コロナ禍で、やむなくマスクの色指定が解除された。壮大な実験のようなものだ。実験の結果、学校でトラブルや問題が頻発するようになったとの情報はいっさい聞こえてこない。三密の代表例である教室空間において、生徒は感染症対策としてさまざまな行動制限を受けてストレスを高めながらも、学校の秩序を乱すこともなく、日常を送っている。

私自身は、マスクの規制緩和で学校が荒れることはないだろうと思っていたが、これまで学校が抱いてきた「秩序が乱れる」「風紀が乱れる」との危惧は、理解できる。コロナ禍において私は非公式に、ある公立高校の生徒会メンバーとオンライン上で校則改革について意見を交換する機会があった。感染症対策にくわえて暑さ・寒さ対策として、洗いやすさや着やすさを重視した私服の導入を考えているという。実際に試行期間を設けたところ、生徒にも教師にも好評だったようだ。

その意見交換のなかで、私は生徒会メンバーに「コロナの前って、マスクは白のみでしたよね。なぜ白限定だったと思いますか?」と問いかけた。すると、生徒はお互いの顔を見合いながらしばし考え、首を傾げながら「わかりません」と返してきた。私は、自分の問いかけ方が悪かったのかと思い、質問を変えて、「それなら、ツーブロック禁止の学校ってありますよね。なぜ、禁止されてきたと思いますか?」と問うてみた。すると、生徒の表情はぱっと明るくなり、「トラブルが起きるから」と即答してくれた。

生徒もちゃんとそれなりに理解しているのだと思い、「そう、それが理由ですよね。なぜ、それはすぐに答えられたのかしら?」と、私は質問をつづけた。すると、「いや……テレビで教育長がそう答えていたからです。なぜ、トラブルが起きるのかまでは、よくわかりません」との答えが返ってきた。

私にとっては衝撃的な問答であった。校則をゆるめれば、荒れる。自由を認めれば、乱れる。それぐらいのリアリティは、高校生であればもっているだろうと、当然のことのように私は考えてきた。ところが、その生徒会メンバーには、カラフルなマスクも、ツーブロックも、それでトラブルが生じるなどというリアリティは共有されていなかった。

私たち大人は、いったい何を不安視してきたのだろうか。生徒の目線では見えてこないような事態を勝手に予測して、先手を打つかたちで生徒の日常を細かく厳格に規制してきた。子供に少しでも自由を認めたら、いずれ荒れるにちがいないとの大前提から、話を始めていた。

コロナ禍でわかった事実が、一つある。子供は外向きに攻撃性を高めたようには見えないが、一方で内向きに自らを傷つけるようになったことが統計的に明らかである。コロナ禍の二〇二〇年、子供の自殺件数は過去最多を記録した。小学生一四名、中学生一四六名、高校生三三九名、合わせて四九九名が自らこの世を去った。コロナ禍前の二〇一九年の合計三九九名から一〇〇名もの増加となった。

中高生に自由を認めれば、すぐに荒れるにちがいない――私たちは、あまりに子供を疑ってきた。子供に不信感をもちつづけるのか、子供を信じてその声に耳を傾けていくのか。コロナ禍でその答えははっきりと見えてきたように思う。子供に対する大人の側の信頼が、問われている。

注

（1）「学校の業務に関する調査」（速報値）の詳細

目的：全国の小学校と中学校教員を対象にしたアンケート調査から、学校の業務の実態とそれに関連する意識について、国や自治体の調査では拾い上げられないような「現場の見えざる実態と意識」を明らかにする。

方法：ウェブ調査（インターネットによるアンケート調査。株式会社マクロミルのウェブモニターを利用）。

実施期間：二〇二一年一一月二〇日（土）～二八日（日）。うち五日間が土日・祝日であり、教員が比較的回答しやすい日程を選定。

対象：①公立小学校の教員、②公立中学校の教員。いずれも、フルタイム（正規採用ならびに常勤講師）で年齢が二〇代～五〇代の教諭・指導教諭・主幹教諭に限定。
サンプルサイズ：①四五〇名、②四五〇名（合計で九〇〇名）。最終回答者数は、①四六六名、②四五八名（合計で九二四名）。
割付条件：二〇一九年度の文部科学省「学校教員統計調査」をもとに、公立校の性別・年齢層別（二〇代～五〇代）に、回答者数を割り付けた。
研究組織：内田良（名古屋大学大学院・教授）・加藤一晃（名古屋芸術大学・講師）・太田知彩（名古屋大学大学院・大学院生）・元木廉（名古屋大学大学院・大学院生）・西村祐二（名古屋大学大学院・大学院生）・長谷川哲也（岐阜大学・准教授）の六名。
付記：本調査研究は、科学研究費補助金（基盤研究（B））「「教員の働き方」の現在：危機の実態把握にもとづく啓発活動の迅速な展開」（研究代表者：内田良、課題番号：21H00833）による研究成果の一部である。

文　献

馬場まみ、二〇〇九「戦後日本における学校制服の普及過程とその役割」『日本家政学会誌』六〇（八）：七一五―七二二頁。

小林哲夫、二〇二〇『学校制服とは何か――その歴史と思想』朝日新書。

内田良、二〇二一「個性尊重のために先生たちが闘った」河﨑仁志・斉藤ひでみ・内田良編著『校則改革――理不尽な生徒指導に苦しむ教師たちの挑戦』東洋館出版社、二一五―二四〇頁。

第2章　子どもの自治と校則
——全生研の管理主義教育批判と集団づくり構想——

松田洋介

本章では、子どもの自治的世界の拡大を目指した全国生活指導研究協議会（全生研）が、一九八〇年代から九〇年代にかけての社会全体の校則批判・改正の動きの中で、いかなる議論をしていたのかを検討する。それを踏まえて、子どもを主体とした校則改正論の課題と展望を示す。

1　繰り返される管理主義教育批判とその困難

近年、制服や髪型など装いに関わる統制の厳しい校則への批判が強まり、教育行政主導による校則改革が推進されている。とはいえ、今次の展開で、理不尽な校則が一掃されるかどうかは未知数である。実は一九八〇年代から九〇年代にかけても同様の動きが生じていた。当時、管理主義教育への批判が強まる中、日本弁護士連合会は「学校生活と子どもの人権に関する宣言」（一九八五年）で、細かな生徒心得は子どもの人権侵害に当たると指摘した。世論に後押しされた文部省が校則の見直しを推奨し、各地域で教育委員会主導の校則改正が始まった。しかし、丸刈り廃止や制服ルールの一定の自由化は進んだものの（大津　二〇二一）、その流れはすぐに収縮した。例えば、一九九〇年代に大阪府のある中学校では生徒会主導で教職員やＰＴＡからも賛同を得て制服の廃止の試行を決めたが、教育委員会に強い指導を受けた校長に食い止められるという結末を迎えている（木村　一九九五）。教育基本法改正（二〇〇六年）以降は、教育行政主導の校則の自由化は一時のブームで終わった感がある。特に教育基本法改正（二〇〇六年）以降は、むしろ校則運用の厳格化が進んでいる。

市民社会の常識に照らせば非合理にみえる校則の改革がなかなか進まないのはなぜか。その理由のひとつは、授業や学級を成立させること自体が決して容易ではないことにある。一般的に、学校は、さまざまな背景をもつ子どもたちが、一定以上の人数で、教師の指導の下で学校が固有に編成した知識や技術を学習する空間である。多くの子どもたちにとっては、決して馴染みやすい空間ではない。この特殊な空間を成立させるために、教師たちは校則など学校独特のルールをつくり、それに準拠した行動をするよう子どもたちを管理・統制してきた。教師たちがしばしば子どもたちの行動の管理・統制に躍起になるのは、一人一人の子どもの行動がその周囲の子どもの学習環境の成立に直結するからである。理不尽にみえる校則も、子どもたちの教育権を保障しようとする教師たちの善意によってつくられ・維持されてきたともいえる。

と同時に、確認すべきは、子どもたちへの管理・統制はしばしばエスカレートしてきたことである。そこには、教師―生徒間関係を確立し、学級秩序・授業秩序を成立させることが教師たちの第一義的な難問・課題であることが関係している。とりわけ教師に対する世間一般の眼差しが厳しくなると、教師失格の烙印を避けるべく、様々な手段を用いての子どもの統制へと傾斜する。ただ、それ以上に重要なことは、日本(の学校)における、子どもを権利主体として位置づける認識の弱さだろう。子どもを権利主体として認識しているのであれば、子どもへの一方的な統制は抑制されるはずだからである。その抑制が効かないことで、子どもへの管理・統制が自己目的化し、子どもの行動が揃っていることこそが望ましいという規範が跋扈し、そこから逸脱した子どもは教師や学校を侮蔑する存在として糾弾される状況がつくり出されてきた。

子どもを一方的に管理・統制の対象とする学校のあり方に対しては、近年多くの疑念が寄せられている。日本社会においても、曲がりなりにも子どもを権利主体とする認識が広がりつつあるからである。(1) だから、現在の校則改革は、子どもを縛り付けるルールの改善もさることながら、子ども主体の学校へと転換するための契機になることが期待されている。

そうだとして、子どもを権利主体とした学級・学校はいかにして可能なのか。子どもが学習できる学級・学校空間の成立が容易ではないことを踏まえれば、「子どもの意思を尊重する」「子どもの個性を尊重しない校則をなくす」といった素朴なスローガンの提示に終始せず、具体的な実践の見通し、とりわけ教師の管理・統制に頼らずに、子どもたち自身で学級秩序・授業秩序をつくりだせるような実践の見通しが求められる。それがなければ、教師たちは、子どもを権利主体としてみなすことに現実味を感じられず、子どもへの管理・統制は手放せないだろう。

以上を踏まえ、本章では、子どもの自治にもとづく学級・学校づくりを追求してきた教育研究団体である全生研の中学校教育の理論と実践に焦点を当て、子ども主体の学級・学校づくりにいかなる争点があったのか、そこで校則はどのように位置づけられていたのかを検討する。全生研を対象とするのは、他の教育団体と比較しても、教師がもつ権力性を強く認識し、かつそれを自覚的に使いながら、子どもを権利主体とした自治的な学級・学校をつくるべく試行錯誤してきた団体だからである。全生研は学級・学校のルールをいかにつくり、運用すべきかに強い関心をもち、その一般的な方法の確立を目指した。とりわけ班・核・討議づくりの実践技法は全生研会員を超えて広く普及した。全生研の実践理論の検討は、戦後の子どもの自治に基づく学級・学校づくり実践の成果と課題を明らかにすることにもつながる。

一九八〇年代から九〇年代にかけての時期に焦点を当てるのは、管理主義教育の一環としての校則問題が顕在化すると同時に、全生研内部では実践の枠組みに大幅な修正がなされる時期だったからである。社会学的には個人化・流動化といった言葉で総称できる子ども世界や学校をとりまく現代的変化に、子どもの自治をベースにした学級・学校づくりの実践にも対応が迫られたのである。そこには、現在の校則改正にも示唆のある重要な論点が胚胎していると考えられる。

2　全生研の集団づくりの指導構想

学校で民主主義を経験させる

全生研は一九五八年改訂学習指導要領での「特設　道徳」設置を契機に誕生した民間教育運動団体である。国家が定めた徳目の教え込みに抵抗し、「一人一人の子どもを具体的な生活者としてとらえ……民主的社会の成員としての諸能力をもった人間にまで成長することに責任を」もち、「生活指導の原理の確立によって、国民のための道徳教育の正しいあり方をあきらかにする」ことが目指された(以上、全国生活指導研究協議会・指標)。全国各地につくられた支部・サークルでの活動を重視し、主として教師たちの手による詳細な実践記録を具体的に検討することで民主的人格形成のための生活指導実践を追求してきた。各支部・サークルの実践指向の異同や対立を内包しつつも、機関誌『生活指導』や年に一度の全国大会で発表される基調報告などで、全生研としての生活指導や集団づくりの理論と方法が共有されてきた。とりわけ一九七一年に出版された『学級集団づくり入門　二版』(以下『二版』と記す)は初期の実践理論を体系化したものとして全生研内部では特別な位置にある。初版以上の影響力をもち、全生研に集う教師の多くがこの『二版』を参照しつつ実践を展開したという意味で、対外的にも全生研の実践イメージをつくった理論書である。ただし、全生研に特徴的であるのは、子どもの様子とそれに対する教師の指導を事細かに記述した実践記録が、学校現場の「調査記録」としての性格をもち、そこで浮かび上がる子ども像によって目指すべき実践のあり方が修正されることである。実際、校則問題が注目された一九八〇年代には既に『二版』の実践理論に修正が迫られており、全生研内部で活発な議論が展開され、その結果として『新版　学級集団づくり入門　小学校』(一九九〇年)、『新版　学級集団づくり入門　中学校』(一九九一年)が出版された。本論では『二版』から『新版』への流れの中で、校則問題への取り組みがいかに変容したのかについても注目する。

以下では最初に『二版』で全生研が子どもたちの行動に関する管理や指導一般をどのように捉えていたのかを整理する。管理・指導をめぐる議論に着目するのは、『二版』には「校則」への直接的言及はないが、校則は管理・指導の中に位置づけて捉えられるからである。

全生研は、生活指導を「人間の行為・行動の指導ならびに行為・行動に直接的にかかわるかぎりにおいての認識や要求を指導することをとおして、民主的人格形成に寄与することを主たる目的とする教育活動」(全生研常任委員会　一九七一：一八)と定義した。ここで、民主的人格形成とは、(民主的な社会・集団では)すべての成員がその社会や集団の管理運営に参加する権限があると認識した上で、自分たちの意見や考えを自分たちのために主張し、そのために行動できる存在になることを意味する。そのため、教師が子どもたちに初期に指導するのは「自分の不利益に黙っていないこと」「みんなで決めて、必ず守ること」の二点である。そのように要求し行動できることが、管理・運営を特定の一握りのひとびとが独占する非民主的な社会・集団を克服するために必要だからである(全生研常任委員会　一九七一：二一六)。全生研に特徴的であるのは、知識の伝達にとどまらず、行為・行動の指導に力点を置くことである。民主的人格の形成には、例えば授業などで民主主義に関わる知識を獲得すること以上に、民主主義的に行動できるようになることが必要だと考えるからである。これは、戦前の修身、そして戦後の「特設　道徳」のように生活から切り離された思想や倫理を子どもに注入することへの批判の表れでもあった。

指導と管理の緊張関係

とはいえ、学校では、子どもたちは、教育のために存在しているさまざまな統制のもとで、受動的とならざるを得ず、民主的人格形成は容易ではない。他方で、学校の統制をなくせば、それだけで子どもたちが民主的な主体になれるわけではない。自分たちの要求を組織し、自分たちで管理・運営する自治的な空間の創出には、そのための知識や技術、経験を子どもたちが獲得している必要があるからである。全生研が子どもたちを民主的な主体に育てる上で最重要視したのは、学校で子どもたちが民主的な集団を形成することである。「人間は環境を変更することによって自己自身を変更する」のであり、「子どもが相互に働きかけ合うことのできる場と機会」、すなわち集団が教育的には必要だと考えるからである（全生研常任委員会　一九七一：四〇）。もちろん、子どもたちは教師の指導がなくとも自前で集団をつくっている。とはいえ、自生的な子ども集団は、しばしば権力関係を内包しており、独裁的でもある。だからこそ、学校で子どもたちの社会関係を民主的に組み替えるような指導が必要となるのである。

学級集団を民主的な集団に育てるために、最初、集団の主導権を教師が握り、それを徐々に子ども集団に移していくという実践構想が示される。子どもたちは教師ぬきで民主的な学級集団を形成・維持できないからである。子ども集団を「よりあい的段階」「前期的段階」「後期的段階」の三つに段階区分し、「主として教師の権威によって支配され、支えられている」「よりあい的段階」から、よりあい的段階で生まれた核（生徒のリーダー的存在）のちからに支えられ、自主的集団としての実質を獲得している「前期的段階」、さらに少数の核ではなく、集団の全成員の団結のちからが集団を支えている「後期的段階」へと移行することが目指される。子どもたちが、教師のちからを借りることなく、自治的集団をつくれるようになることを目標とし、そのための実践技法として「班づくり」「核づくり」「討議づくり」が位置づけられている。

学級集団を民主的な集団に育て上げていく上で最も重要なことのひとつは、子どもたちに自己指導、自主管理のちからをつけさせることである。そのためには、教師が子ども集団の外部から、集団の発展を見通して指導をすることが必要となる。しかしながら集団の外部から行われる指導を、集団が受け入れるとは限らない。そこで必要とされるのが管理である。指導は集団が自ら進んで受け入れ、それに従うことを期待するという、集団の自発性に根拠を置くものであるのに対して、管理は指導の受容を強制する外部のちからだからである（全生研常任委員会一九七一：六七）。ただし教師による子どもの管理はあくまで暫定的な措置である。子ども集団の管理権は本来的には子ども自身のものだからである。教師は子ども集団に管理権を返す必要があり、子どもたちは集団の自主管理を確立させるために、自分たちの何を管理すべきかを討議し、その管理権を行使する役割を集団内に確立させなければならないのである。学級集団の自主管理の担い手としては日直があり、集団の活動が遂行されるための取り締まりと、それにともなう命令、点検、評価、記帳、報告などの実務を行うこととされている。学級集団は日直の報告を受けて、集団の決定をみだし、集団に不利益を加えるものには、必要に応じて追求を加えたり、指導と援助を加えたり、また日直が管理権を行使したのかを逆点検する（全生研常任委員会　一九七一：七二）。

ちなみにこうした指導と管理の区分は、通俗的な指導理解に修正を迫るものである。全生研において指導は、それが受け入れられるかどうかは子どもたちに委ねられるべきものであり、命令とは異なるものである。指導が受け入れられないのであれば、指導のあり方に反省が迫られる。しかしながら、教師はそのことを忘れ、指導を子どもが受け入れるべきもの、子どもに受け入れさせるべきものと捉えがちである。その結果、指導と管理が癒着し、強制力のみに依存する指導になる。実際多くの教師は指導と称しながら、管理主義的な取り締まりに終始する（全生研常任委員会　一九七一：六八）。

3　校則問題をどう捉えたか

管理主義教育と校則問題

『二版』には以上のような指導や管理の理解が示されているが、「校則」や「生徒心得」そのものに関する記述はない。出版当時、全生研にとって校則が必ずしも重要な問題でなかったことがうかがえる。全生研の創立メンバーであり、一貫して理論的主導者であった竹内常一は一九八六年の教師たちとの校則についての座談会で次のように指摘する（江野本他　一九八六）。

竹内　みなさんの話をきいていると、校則にしても、生徒心得にしても、学校創設当時からあって、最近とりわけきびしくなったとはいえないということですよね。そうだとすれば、かつては、それは管理的に生徒に押しつけられていたのではなくて、指導的に、というか自治的に運用されてきたのではないですか。だから、校則の運用のしかたがゆるやかだったのではないですか。このなかでは、小林さんが一番経験年数が多いから聞きますが、かつては決まりがあっても、学級担任の裁量でそれを運用してきたのではないですか。

小林　そういう時期が長くありましたね。極端にいうと、担任は決まりなどしらなかったりして。つまり、決まりはありながら、担任は自分の常識でやっていたわけね。だから、担任の常識的な裁量というんですか、決まりがあっても、いまはこういうふうに指導したほうがいいということが、かなり長い間つづいたように思うんですが。

江野本　そこの学級で話し合ってやったんだから、それはそれでいいんじゃないかといったことがありましたね。そういう許容のしかたがあったんですね。

一九七〇年代頃までは、校則の運用をめぐって個々の担任教師の裁量に委ねられていた部分が大きかったと認識されている。ただし、このことは、全般的に、子どもに対する統制がゆるかったことを意味しない。自らの裁量の下、厳罰主義で対応する教師も数多く存在したはずだからである。そうした状況の中、全生研の教師たちは、自らの裁量を用いて、子どもを民主的主体とする実践を学級ベースで展開しようとしたのであり、校則自体が問題化されにくかったのは、学級のルールに委ねられる部分が大きかったからであろう。

校則問題がせり上がったのは、一九八〇年代に入り第三の非行のピークが到来し、逸脱行動を抑制するために学校全体で厳格な校則運用をするようになってからである。そして、1節で述べたように生徒の行動を縛り付ける学校側の対応は管理主義教育として強い批判を受けるようになる。とはいえ、その批判への応答は容易ではない。子どもへの管理をゆるめるにせよ、校則を改正するにせよ、それだけで子どもの荒れが治まるわけではないからである。

校則の何が問題か

そうだとして全生研は、当時の管理主義教育・校則問題の何を問題にしたのだろうか。竹内(一九九四a)を踏まえれば次の三つに整理できる。

第一に、頭髪規制などの校則が人権侵害であることについてはもちろん、子どもの行動を教師が一方的に管理することが常態化し、子どもたちの自主管理が進まない状況を問題とした。当時、一般的に、教師たちは反抗的な立場を見せる子どもたちを校則で統制しようとした。また警察権力をバックにして、力をもってツッパリを抑えこみ、校内暴力を沈静化する方向をとることもあった。さらに、過剰な防衛意識に駆り立てられて、ツッパリだけでなく、生徒全体にたいしても、「指導なき支配」というべき管理主義で臨むことになった。しかしながら、その結果生じたのは、校則は厳しくなる一方で、校則を守れない／守らせられない状況の蔓延である。全生研は、このような校則を含むルールの正統性の低下を問題にした。この構えは、校則が守られることを重視する点だけ見ると、全生研が批判するところの管理主義教育と同じように見える。しかし、全生研が問題としたのは、生徒が教師や学校の統制に従わないこと以上に、子どもたち自身が自律した集団を成立させられない状況が続いたことである。だから、例えば、全生研の教師たちは授業や行事に参加しない子どもだけを問題にするのではなく、それらの子どもに無関心で働きかけることができない周囲の子どもたちのあり方をも課題と捉えた。

第二に、荒れた生徒を力で抑え込む管理主義教育が、子どもや保護者からも支持されていたことである。一九八〇年代は受験競争が激化した時代であり、学業成績の向上へと傾倒する生徒にとっては、学級の秩序が安定し、授業もスムーズに進行していることが望ましいからである。また、家族の関係が変容する中、「非行」に走る子どもに手をこまねいた保護者も少なくなかった。保護者もまた学校に子どもの「更生」を期待するようになっていた。

第三に、子どもとやりとりしながら校則を運用することに困難を感じ、学校ベースの校則の運用を求めた教師が少なくなかったことである。校長の管理職化、主任制法制化のなかで、多くの教師たちは校長や主任の一方的な指示と統制のもとで職務を全うすることに慣れていた。子どもだけでなく、教師たちもまた自治的経験に乏しく、自治的な世界をイメージできないため、管理職による学校秩序の安定化を求めるようになったのである（以上、竹内　一九九四ａ：二二〇―二二二）。

荒れを克服する中学校実践

こうした状況の中で、全生研の教師たちはどのような実践を展開したのか。一九八〇年代に、とりわけ「荒れ」が激しい中学校で展開された実践を見ると、以下のような共通点がある。

第一に、最初に学校のルールを子どもたちに意識させ、守らせること、ルールの正統性の回復を重視したことである。ただし、教師による管理を強化したわけではないし、頭ごなしにルールの遵守を要求することは少なかった。ルールの遵守を求めても、それが学校への服従とみなされる限りは、生徒との間の闘争にしかならないからである。生徒の身勝手な振る舞いには妥協なく指導をするが、強制的に生徒の行動を統制するのではなく、生徒が生きる世界に一定の敬意を払いつつ、生徒と対話しながら互いに許容できるルールのあり方を探ろうとした。例えば能重真作（一九八四）の実践では、四月最初のホームルームの時間に、他クラスのやんちゃな生徒の一人が教室に入ってきて、自クラスの生徒とのおしゃべりを止めないことがあった。「自分のクラスに戻りなさい」と言うも、戻らない。ここが「勝負どころ」だと判断した能重は何度もやりとりを繰り返しつつ最後には「君たちも、こんなにしてまで話さなければならない大切な話があるに違いにない。でも、先生がさっきからそばでごちょごちょ文句をつけてるんだから、話にならんだろう。そんなに大切な話があるんだったら、先生の方は早く終わらせるから、その後でゆっくり話したらどうだ」と声をかける。その生徒は「早く終わるって何分で終わるんだよ」と言うので、「一分で終わる」と回答すると、自クラスに戻っていった[2]。既存のルールを守らない場合でも、守ることのできる妥協点を探りつつ、ルールを守る形式をつくろうとした。

第二に、教師や学校に不信感をもっている生徒との対話を成立させるべく、生徒と信頼関係をつくることを重視した。関誠は「番長グループの中心メンバーに心のパイプを通す」ことを目指し、彼らに「メシを食う時までとんがってないだろ！」と言いつつ食事に誘い、彼らと話し込みながら、生い立ち、家の事情、教師への見方などを把握していく。接触が増え、語ることが多くなれば、「いうことはきかないがうるさそうな顔をしつつも、忠告をきくようなことも少しずつ増えて」いく。関によれば、非行少年たちとの関わりは、「何度でもだまされてや」りながら、「彼ら個人個人の中にゆれている矛盾だらけの本音(?)らしきものにまるごと触れて、……それを糸口にして、さらに深い接近を試みる」ものであった(全生研常任委員会編　一九八二：一〇五―一〇七)。

第三に、第一の点と関わるが、ルールのある学校生活を送りたいと考える子どもたちの声を引き出し、その声をルールを守らない子どもに届けることを重視した。川辺克己(一九九二)の実践では、生徒総会に向けて、生徒会役員が各学級にガム、アメ、タバコをなくす決議を提起をするように働きかけている。また、修学旅行の取り組みでは、修学旅行当日の早朝集合が可能になるように、遅刻しそうなツッパリたちに対して、修学旅行前から、クラスメートが電話や手紙、家庭訪問などを通じて遅刻せずに登校できるように働きかける取り組みを行っている。自分がルールを守るだけでなく、ルールを守ることのできる集団をつくる主体に育てることを重視する。

最後に、こうした学校のルールをつくっていく上で、教職員集団や保護者同士の連携を強めていくことである。荒れた学校では、教師たちが問題関心を共有できていないことが多い。例えば、先述の川辺実践では「エスケイプ」、盗難、校内暴力がはびこる中、まず、子どもたちとの信頼関係をつくるべく、登校時の正門前に教師全員で子どもたちを迎えることから始めた。また、公開授業期間を設定し、学校の荒れた状況をみた保護者たちが、教師たちの取り組みに協力する。教師や保護者が連携し、現実に向き合い、困難を共有し合うことで、子どもたちに対する柔軟な働きかけができるようになっていく。

以上のように、子どもたち自身がルールを統制できるようになり、自主管理の世界を拡大することが重視されている。そのような自治的世界がつくられる中で、最終的に校則を改正するための実践が展開されていく。能重が勤務している中学校では荒れが一定程度治まった後、生徒会活動を主体として校則改正に取り組み始めた。教師からは「時期尚早」の声も上がったが、それ以前の、遠足や修学旅行のきまりを生徒たちに自主的につくらせた経緯から、生徒を信頼して取り組ませることが決まる（能重　一九八七：二五―二六）[3]。鹿児島の勝元は、非行に直面する中学校において、各学級の要請に基づいた生徒会主導の行事開催・運営を増やし、生徒の自治的領野を拡大していく。その上で、細部にわたった校則・心得を、①細かすぎる規制②指導すればすむこと③家庭生活を拘束するものという三つの観点に照らして大幅に削減した。その上で「○中のきまり」を教師と生徒でつくる取り組みへと展開していく。校則改正の取り組みには保護者から反対の声があがったが、地域ごとの懇談会で合意形成をはかっていく[4]（勝元一九八七）。生徒主体の活動を増加させ、自治的活動を積み重ねることで、生徒たちに民主的主体としての自負と自信を育て、また、校則改正に懐疑的な教師や保護者に対しても、その実現可能性を示していった。

４　子どもと学校の関係変容と校則問題

集団づくりの新しい展開

ところで、以上見てきた取り組みはおおよそ『二版』で示された論理に準拠しているが、先述のように一九八〇年代中盤以降、全生研内部で『二版』の妥当性をめぐり議論が生じていた。「集団づくりの新しい展開」と言われていたその動きは、代表的な実践家である大西忠治の言葉を用いれば、集団づくりの「緊密さ指向」から「ゆるやかさ指向」への移行である。大西によれば、「ゆるやかさ指向」とは、子どもも含めた社会全体において、集団の組織と形態が拡散的、解体的になっていること、集団よりも個々人の目的を重視するため、集団の目的がゆるやかになっていくことを指している（大西　一九八七：二四―二六）。その上で、「ゆるやかさ指向」を否定するだけでなく、その肯定的側面に働きかけると同時に、「緊密さ指向」を現代的に再生する教育方法の創出が求められているとする。

この指向性の変化は当然のことながら、実践記録に表れる子どもたちの変化によっていた。先述の通り、『二版』では教師に依拠した「よりあい的段階」から、核となった子どもたちを中心に自治的な世界を立ち上げていく「前期的段階」への移行が目指されたが、この頃から「前期的段階」に移行しにくくなっていると報告されていた。浅野誠（一九八八）によれば、『二版』では、子どもたちが自生的につくった集団をひっさげて学級に入ってくることを前提にし、その集団を民主的なものに「くみかえる」という指導構図をとっていた。実際、「非行」に取り組む実践をみても、ツッパリたちは番長グループを形成するなど相当程度自律的な組織を有していた。しかしながら、次第に集団経験が希薄で、集団に関わる力量が低下した子どもたちが増加していた。それゆえ浅野は、集団をくみかえる以前に、集団体験を丁寧に積ませ、集団に関わる力量を丁寧に育てていくこと、いわば集団を「つくる」指導が必要になっていると指摘した。これは自治的世界を拡大し、自主指導・自主管理が可能な生徒集団の形成を通した校則の民主的改正という実践の筋が容易ではなくなってきていたことを意味する。

こうした子どもの実態変化は、あるべき子ども集団のイメージも変えていくことになる。子ども集団づくりの困難は、単に子どもたちの経験不足・民主的な主体の未成熟によるものだけでなく、強固な集団秩序への違和や嫌悪にも起因しているからである。先述のように全生研はもともと、個人の不利益には黙っていないこと、みんなで決めて必ず守るということ、この二つを集団づくりの基本原理として掲げてきた。その意味で全生研は、集団のまとまりだけでなく、そこで生きる個人の利害を重視してきた。ただし、『二版』では個人の利害と集団の利害は最終的に調和することが想定されており、集団の目標がひとつに集約されることが重要であるとされていた。しかし、その前提はもはや成立しにくい。集団づくりにはより丁寧な合意形成が必要となるし、そもそも集団での合意形成自体に意義を見いだせない子どもが増加しうるからである。竹内常一は集団づくりの「現代化」を、団結を第一義的に重視する集団論から、自律と連帯を統一的に追求する集団論への変化として、そして個人指導と集団指導の関係の問題として追求する必要性を指摘する(竹内　一九八六)。「集団づくりの新しい展開」シリーズとして出版された『討議づくり』(全生研常任委員会編　一九九二)では、意見の対立する相手を論理的に説得する討議よりも、生徒の「自立へのあがきや試みを集団共同の問題に発展させていくような話し合いや討議」を追求する実践こそが、中学校の閉塞的な状況を切り開いていると指摘する(竹内　一九九〇：二二一—二二三)。個人化した子ども同士の対話をつくり、共同の世界を拡げていくことが実践上の課題となってくるのである。

校則問題の再整理

集団づくりの新しい展開を一定程度踏まえて作成されたのが『新版　学級集団づくり入門』(5)である。『新版』は、『二版』の枠組みを維持しつつも、方法論的な枠付けを弱めていること、小学校編と中学校編とに分冊し、現在の子どもたちが直面している発達課題を指摘し、それに応える方法論を提起しようとしていること、子どもたちの「必要と要求」を自覚化させることを重視し、「討議づくり」を重視する構成になっていることなどに特徴がある。[6]

『二版』では言及のなかった校則問題だが、『新版』では「中学校教育と生活指導の課題」として「校則の見直しと体罰・暴力の克服」が取り上げられる。中学校の生活指導において、管理主義的な学校体制の克服なしに自立・共同・自治を実現していくことは不可能であるとされ、校則の見直しは、体罰の根絶などとともに緊急の実践課題のひとつとなっている。今日の中学校の校則や生徒心得は、生徒たちの思想・良心・表現の自由を抑圧する条項、父母の教育権を侵害し、家庭や地域の教育に権力的に介入する条項を含んでいるからである。にもかかわらず校則改正が進まないのは、現在の校則が受験競争を強いる保護者の要求におされてつくられてきたものであり、教師もまた校則改正によって子どもから何が噴出するかわからないという恐れをもっているからである。以上を踏まえ、校則の見直しは次のような観点に立つ必要があるとする(全生研常任委員会編　一九九一：三二一―三二二)。

①校則は生徒の安全と権利を擁護するものにかぎること。それ以外は教師の指導と生徒の自治に委ねられること。そのために、生徒会自治・学級自治を発展させていくこと。

②校則は生徒と教師と父母による学校自治の原則にもとづいて定められること。そして、そのような手続きによって定められたものは、教師集団の指導と管理、生徒集団の自治と自主管理、学校自治への父母の参加によって守られること。

③校則の民主的な改正手つづきを明確にし、いつでも、だれでもが、一定の条件をみたせ

ば、校則改正を発議することができるようにすること。発議があったときは、教師集団はかならず学校集団の公的な議題としてとりあげ、討議を組織する義務を負うこと。

④教師集団は、父母や住民にたいして、家庭・地域の教育力を取りもどし、地域のなかに子育て・教育の共同化を発展させていくことを提起すると同時に、安易に学校に依存して、子どもを管理しないように要請していくこと。

特徴的なのは、校則とそれ以外のルールを相対的に区分し、校則は子どもの安全と権利を保障するものに絞るという原則を打ち出している点である。と同時に、校則以外のルールについては、時々の教師の指導と自治に委ねられるべきとされている。また、現在の校則を改正するだけでなく、誰でもがいつでも改正発議ができるよう改正手続きを定めるべきと指摘している。このように学校生活をつくるルールはあくまでその時々の自治を通して決めていくと同時に、そうした自治的な活動を支える安全と権利を保障するものとして校則が存在するものとされている⑦。

重要なことは、管理主義教育は明文化された校則の見直しだけで克服されるものではなく、管理主義とは異なる民主的な管理のしくみを確立することが必要であると認識していることである。とはいえ、既に述べたように、生徒たちの自主管理に基づいた民主的な自治空間を確立するには教師の指導が必要であり、その指導には教師による管理が必要な部分がある。しかしながら、子ども集団が未熟であるほど指導と管理は癒着しやすく、それが管理主義教育を生み出す。管理主義に陥らずに民主的な自治空間の形成の指導はいかにして可能なのか。

第一に、教師の管理は教育的管理に限定すべきと主張する。教育的管理とは、教育的支配を目的とする権力的統制(=管理主義教育)と対比されるものであり、具体的には、ひとつには子どもたちの自治の維持・継続・定着のために、特定の行動に限って、一定の行動基準を定め、それに基づいて管理的な「点検」「評価」「報告」「命令」を行う実務的な管理のことである。例えば、欠席遅刻、書類の提出状況、掃除当番や給食当番、係活動の遂行状況の管理などであろう。この管理は、子どもの行動の部分的かつ一時的な制約に限定されるべきであると同時に、子ども集団の合意に基づいて展開されるべきものであり[8]、いずれ、子どもの自治と自主管理へと転化していくべきものである。もうひとつは、子どもの人権を侵害する行為や、集団の自治を破壊する行為があるとき、子どもの外的行動の自由を部分的に制約して、指導を受けることを強制する、外的行動の強制的な制限措置としての管理である。これは例えば、他者に暴力を振るう生徒を別室に連行するといったことである。こちらは、教師と学校の責任によって行われるべきものであり、子ども集団に委ねてはならないとする(竹内　一九九五：一四六—一四八)。要するに教師が管理すべき事項を、子どもの自治と子どもの人権の侵害に当たる行為に限定すべきとする。

第二に、指導権と管理権が学級担任に集中されていると、指導が管理に依存し管理主義的指導になりやすいため、指導権と管理権とを可能な限り分離するべきと指摘する。特に、管理のもっとも集中的な形態である懲戒・訓戒権を学級担任から切り離し、教師集団の意思にもとづくものに再編すべきとする⑼（全生研常任委員会編　一九九一：五六）。個々の教師の任務から管理を除外することで、教師による権力統制の濫用が回避されると同時に、教師は子どもとの指導・対話に専念できるようになる。それにより、当時問題となっていた体罰も抑制されると指摘している。

第三に、子どもの自主管理は、校則や生徒心得を形式的に守っているかどうかを問題にすることからではなく、個人の権利、集団の自治を侵害するものに対する批判や抗議の組織化からはじめられるべきとする（全生研常任委員会編　一九九一：一二〇）。自分たちに不利なルールについて異議を申し立て、生徒同士で討議できることを自主管理の条件としているのは、子どもたちはしばしば自主管理と称して、教師たちの権力統制の下請けをさせられてきたからである⑽。子ども集団は学校自治を創出するために存在しているわけではなく、子どもたち自身の世界をつくるために存在しているし、そうあるべきである。その子ども集団を学級集団へとはめ込んでしまうのは、学校による子ども世界の支配に他ならない。この問題の克服は全生研の教師を含む、民主的であろうとする教師たち、あるいは、子どもを主体とする教育をつくろうとする教師たちの課題であろう。全生研の教師たちも自主管理を標榜していながら、子どもたちが規律をつくることを何よりも重視する実践に陥りがちであったという反省がなされていた⑾。自主管理をめぐる実践では、それが子どもの要求にもとづいているのか、常に反省することが必要なのである。

ただし、子どもの自主管理において異議申し立ての契機を重視するのはそれだけではない。

生徒たちの自主的な管理はしばしば他者排斥的になりうるからである。例えば、当時は子ども集団の権力者が学校の校則にはないルールを弱者に押しつける「裏校則」が存在し、それが全校を支配している状況も生まれていた[12]。また、生徒間暴力が頻繁に生じており、それらは管理主義的な指導の裏で広がっていたものである。だからこそ、「異質なもの同士の共存・共生の関係を発展させ、民主的な自治と自主管理の確立に取り組む生徒集団をつくりだすこと」が教師集団の重要な課題となると考えたのである(全生研常任委員会編　一九九一：三三―三四)。

以上、『新版』における校則問題の認識、ならびに指導と管理の関係のあり方について整理した。重要なことは、全生研が主眼においていたのは、校則を合理化すること以上に、学校現場にはびこる管理主義教育を回避すべく、教師が管理をする対象を「教育的管理」の原則に合致するものに限定しつつ、子どもたち自身の自主管理を確立することであったということだ。校則問題はこうした生徒の自治的世界の確立の一環として捉えられていた。この点が、明文化された校則の改正に管理主義教育の克服を還元させ、校則批判の収束を図ろうとしていた当時の教育行政のスタンスとは明確に異なっていた。そして、全生研の実践家たちはこうした問題関心を共有しつつ、各地域・学校の状況に即して、子どもを主体とした学校自治を創出し、そのもとで校則改正をめざす実践を展開していった(例えば、笠原　一九九八、木村　一九九五など)。

ただし、先述の通り、子どもたちによる自主管理をつくる実践は、子ども集団を規律化し、その規律に子どもたちを縛り付ける実践に陥る危険性をもっていた。特に、個人の権利と集団の自治との関係を予定調和的に捉えると、その危険性は高まる。そうした規律重視の集団づくりへの批判意識が「ゆるやかさ指向」の集団づくりの背景にあることは間違いない。また、そうした新しい集団づくりの展開を前提とした子どもの自治的世界の創出と生徒主体の校則改正とをいかにつなげていくかも難しい課題となる。というのも、校則改正は学校全体を巻き込んだ公的な手続きを必要とし、マジョリティを形成するための団結や意見の一致を追求する、大西忠治が言うところの「緊密さ指向」の集団が求められる部分があり、「ゆるやかさ指向」の集団づくりとの間にはズレと葛藤が生じるからである。「ゆるやかさ指向」の中で、個人を統制する校則に対する生徒の批判意識は一定程度高まるとはいえ、校則を生徒主体で改正・運用していくための自治の成立が困難になることもあるだろう。

とりわけ二〇〇〇年代以降、日本社会の学校への眼差しが厳しくなり、学力向上を典型としたわかりやすいパフォーマンスの提示が求められる中で、学校全体を巻き込んだ生徒の自治的世界の確立を目指す実践は少なくなっていく。また教員管理が強化され、教員自治が収縮したことも、生徒の自治に基づく学校づくりを困難にさせた。近年、全生研は、支部やサークルごとの特色を見せながらも、多様な子どもたちが対話しながら共生するための、いわばケアと自治を内包した子ども集団を「つくる」実践の創出に力点をおいている。[13]「新しい集団づくりの展開」で提起された課題に応える子どもの自治的世界を創出する実践（理論）への試行錯誤が続いている。

5　子どもの自治的世界を拡げるために

以上、全生研の実践思想に焦点を当て、子どもを権利主体とした学級づくり・学校づくりについて検討してきた。最後に、ここでの議論が現代の校則改革にいかなる示唆をもつかを整理する。

第一に、管理主義教育は校則を合理化するだけでは克服できないことである。今次の校則改正運動では、改正プロセスに子どもの声を反映させることが推奨されている。そのこと自体は望ましいにせよ、明文化された校則は学校の秩序をつくる一部に過ぎない。子どもを権利主体とする学校をつくろうとするのであれば、校則だけではなく、学校全体に関わる子どもたちの自治的空間の創出が必要である。そこでは、校則と日常のルールを相対的に区分しつつ、前者では生徒の安全と権利を擁護するための諸ルールを設定しつつ、その前提のもとで、子どもの自治的世界を創出する教師の指導の追求が求められる。例えば、髪色髪型の指定や制服の指定、持参可能物の限定などを定める校則が子どもの安全と権利の擁護のためになぜ必要なのか、学校側は説明が求められるし(筆者はほとんどの場合は合理的な説明は難しいと考えている)、生徒から同意を得る必要がある。逆に、エスニック・マイノリティ、セクシュアル・マイノリティ、障害者の権利擁護のためのルールがつくられる必要もあるだろう。その場合、校則は、子どもだけでなく、教師が守るべきものとしても設定される必要がある。また個々の学校・学級状況に応じて子どもの安全と権利を擁護するために必要な条件は異なる。それらをすべて校則で設定する必要はなく、生徒の要求を踏まえながら柔軟にルールを改廃する必要もある。そのような自治にもとづくルールをつくるための教師の指導の試行錯誤を可能にする学級規模の縮小、ならびに教師の専門職自治の確立が求められる。子どもにただまかせるだけで、子どもの自治的世界が成立するわけではないからである。

第二に、第一の点とも関わるが、現代社会に照らして子どもの自治的世界がいかにつくられるかという問題である。竹内常一（一九九四b）は、自治的世界をもった子ども集団がつくられること（権利としての自治）と、学校を自治的な空間にしていくこと（教育としての自治）を相対的に区分しつつ、両者が互いに影響を及ぼしながら、子どもたちの共同・自治の世界がつくり上げられると指摘する。学校の枠に還元されない子ども集団（＝権利としての自治）があることで学校における教育の自治がバージョンアップされ、逆に教育の自治に参与することで、子ども集団も発展していくことがあるということだ。しかしながら、現在、自前の子ども集団、権利としての自治の世界は著しく収縮しつつある。地域社会の衰退や子どもの放課後生活の多忙化、多様な子どもたちの存在を前に、かつての子ども集団が再生されることはない。とはいえ、権利としての自治なき教育としての自治は形骸化していく。現代の子どもたちが生きる世界に即したかたちで、多様な子どもたちを排除することのない集団の形成がいかにして可能なのか、そしてそれを教育としての自治にいかにつなげていくのか。その課題を考えることが、校則を、子どもを学校に統合するためではなく、子どもの権利を保障するためのものに変えていくために欠かせないのである。

注

(1) 二〇二二年三月発表の「生徒指導提要」案でも、子どもの権利条約の意義が明記されている。
(2) この場面で、この女子生徒とのやりとりで時間を浪費したため、能重は当初予定していた「学級びらき」のための活動を諦め、翌日の予定を連絡するだけで子どもたちを帰した。
(3) ただし、具体的にどのような校則改正がなされたのかについての記述はなかった。
(4) その付則には「①このきまりは必要なときには、職員会、生徒会で話し合い、付け加えたり、改めたりできる」と、生徒が校則改正の権限を有していることが明記されている。
(5) 例えば、『二版』では詳細に記載されていた構造表は『新版』から削除されている。また、「ボロ班」などの挑発的な言葉も削除されている。
(6) 『二版』では、「班づくり」「核づくり」「討議づくり」の順で議論されていたが、『新版』では「討議づくり」を最初に議論している(宮原　二〇一六：三一二)。
(7) 校則とそれ以外のルールの区別は必ずしも厳密に示されているわけではないが、ここで校則の対象として想定されているのは、例えば、先述の勝元(一九八七)の実践での〇中のきまりのように、始業・終業時刻、制服や体操服の着用、教室で暴れない、給食の配膳時の給食着の着用、上履きや体育館シューズの着用、欠席・遅刻等の届け出などといった学校生活の大枠をつくるルールであると考えられる。
(8) 例えば、「黙働清掃」の遂行状況の管理は、掃除の域を超えているという意味でも、子ども集団の合意を形成していない意味でも、教育的管理の範疇を超えている。
(9) ここでの指導権と管理権の切り離しでは、生徒を指導する担任教師と、生徒を管理する教職員集団が一定の緊張関係にあることが想定されている(弁護士と検察官と裁判官のように)。ただし、この切り離しは両者が癒着すると、教職員集団が生徒をより一層強く支配することにもなりかねない。だからこそ、繰り返しになるが指導と管理とを区別することが重要になる。

(10) 例えば、全生研の代表的な実践家の一人である関誠(一九八八)は「「生徒の学校づくり参加」を抑圧・否定してきた文部省が「校則に関わっての生徒参加」を言い出したのは、生徒参加による校則取り締まりを狙っている」と管理の下請け化を警戒している。

(11) 例えば、ある中学校教師は次のように語っている。学級全体が規律重視になっていることを目の当たりにして「自分の実践が知らず知らずのうちに管理主義に流れていってはいなかったか。だから班長会も「とにかく規律を」と流れていったのではなかったか。自主管理的なことを重視するよりも、しつけ的なことを重視していなかったか。などが頭の中をかけめぐったのである」(木村　一九八五)。全生研の実践スタイルに対する批判が絶えないのは、子どもの自治・自主管理をつくるための実践が、子どもの教師や学校へのより強い服従へと陥る危険性を孕んでいるからであろう。

(12) 「裏校則」に取り組んだ実践としては、磯村(一九八八)がある。そこでの「裏校則」は、主に上級生が下級生を統制するルールであり、例えば、下級生は上級生に挨拶をしなければならない、変形ズボンをはくのは二年生の半ばに三年生からの許可が出てからでなければならない、一年生女子はコートを着用してはならないなどがあり、実際の校則よりも実効力は強い。

(13) 竹内常一(二〇一六)は「集団づくりのケア的転回」を提起している。

文献

浅野誠、一九八八『集団づくりの発展的検討――「学級集団づくり入門第二版」の検討』明治図書出版。

江野本嘉秋・小林義明・釈鋼二・中川晋輔・竹内常一、一九八六「座談会　校則の見直しと体罰の克服」『生活指導』一九八六年一二月号。

磯村康志、一九八八「〝裏の掟〟に取り組もう」『生活指導』一九八八年一一月号。

笠原昭男、一九九八「子ども・親・教師による三者協議会の試み」『日本教師教育学会年報』七号。

勝元一成、一九八七「校則を見直す中での学校づくり」『生活指導』一九八七年一二月号。

川辺克己、一九九二『創ろう、全国一の学校を』明治図書出版。

木村勝明、一九八五「〝規律至上主義〟の中から」『生活指導』一九八五年四月号。

木村勝明、一九九五「学校のみんなで決めたことなのに……——制服標準服化の取り組み」『生活指導』一九九五年四月号。

宮原廣司、二〇一六『戦後教育学と教育実践　竹内常一に導かれて』高文研。

能重真作、一九八四—八五「子どもの荒廃に挑む——学校再建の道をもとめて」第一—一二回『生活教育』一九八四年七月号—一九八五年六月号。

能重真作、一九八七「〈校則〉の民主化と体罰の克服」『生活指導』一九八七年一二月号。

大西忠治、一九八七『ゆるやかな集団つくり——新子ども指導論』明治図書出版。

大津尚志、二〇二一『校則を考える——歴史・現状・国際比較』晃洋書房。

関誠、一九八八「校則・規則問題に取り組む視点」『生活指導』一九八八年一〇月号。

竹内常一、一九八六「【補論】いま、なぜゆるやかな集団づくりか」『生活指導』一九八六年五月号。

竹内常一、一九九〇「対話から合意形成へ——討議づくりの今日的課題」全生研常任委員会編『集団づくりの新しい展開シリーズ３　討議づくり』明治図書出版。

竹内常一、一九九四ａ『10代との対話　学校ってなあに』青木書店。

竹内常一、一九九四ｂ『学校の条件——学校を参加と学習と自治の場に』青木書店。

竹内常一、一九九五『竹内常一　教育のしごと〈第5巻〉　共同・自治論』青木書店。

竹内常一、二〇一六『ケアと自治　新・生活指導の理論——学びと参加』高文研。

全生研常任委員会、一九七一『学級集団づくり入門　第二版』明治図書出版。

全生研常任委員会編、一九八二『現代の非行にどうとりくむか』明治図書出版。

全生研常任委員会編、一九九〇『新版　学級集団づくり入門　小学校』明治図書出版。

全生研常任委員会編、一九九一『新版　学級集団づくり入門　中学校』明治図書出版。

第3章　校則を決定・運用する教師たち
――何がどのように語られているのか――

鈴木雅博

1　校則を決める教師たち

大阪黒染め訴訟[1]等を契機として、いわゆる「ブラック校則」の見直しがさまざまな水準で進められている。近時の校則見直し運動は、インターネットを活用し、地域や学校の枠を超えて、そして生徒の参加をともないながら展開している点で注目される。種々の要請行動を受けて、文部科学省は通知「校則の見直し等に関する取組事例について」(二〇二一年六月)(以下、「通知」とする)を出し、時代や地域の状況を踏まえて、子どもや保護者の意見を聞きながら、校則を見直していくことを促すに至っている。さらに二〇二二年には、一二年ぶりに『生徒指導提要』(以下、『提要』とする)を改訂し、校則の学校ホームページでの掲載や児童生徒の校則見直しへの参加を促す等、校則見直しの環境整備を進めている。

他方で、「通知」や『提要』をどの程度学校現場での校則見直しに反映させるのか、あるいは生徒参加の仕組みをどのように設計するのか、そして、生徒からの要望をどの程度採用するのかといった点は、依然として教師の裁量に委ねられている点は確認されてよいだろう。もちろん、校長や教師主導による校則改革や生徒参加によるそれも進められており(西郷　二〇一九、河﨑他　二〇二二)、学校が校則見直しに常に後ろ向きであるわけではない。しかし、下着の色指定やツーブロック禁止、あるいは制服のジェンダーレス化といった社会的に関心を集めた事項を除き、学校内では校則改革に向けた議論が必ずしも活発には行われていないとの指摘もある(河﨑他　二〇二二)。また、実際に校則をめぐって学校内でどのようなやりとりが為されているのかを検討した研究は思いのほか少ない。

以上のように、校則見直しは、インターネットを介した活動もあいまって、人びとの注目を集め、文科省による環境整備や生徒による参加へと展開しているが、社会的関心の高まりに比して、校則の有り様に多大な裁量を持つ教師が学校内部でどのように見直しをめぐる議論を行っているのか／いないのかは、これまで十分に検討されてこなかった。そこで、本章では、教師たちが校則をめぐり、何をどのように話し合い、運用しているのかを実践に即して明らかにすることを試みる。

ここでは、東海地方にあるA市立北中学校でのフィールドワークによって得られた記録をもとに考察を進めていく(学校名・人物名等はすべて仮名である)。北中学は、各学年七クラス、生徒数七〇〇名強、教職員四〇名程からなり、学区に大規模公営住宅を抱えているために、A市の教員からは生徒指導が大変な学校と見なされている。調査は二〇〇九年から二年間にわたるものであり、諸会議の観察やインタビュー等を実施した。[2] 会議での発言記録は筆記によるものであり、インタビュー記録は録音データをもとに作成したトランスクリプトである。引用データに付された番号は会議やインタビューにおける発言の通し番号であり、同一人物の発言における省略は……で、複数話者にまたがる省略は（略）と表記した。また、煩瑣な間投詞は一部省略し、文意が通じにくい箇所は（　）で内容を補った。なお、本章では、北中学の生徒が持つ校則集である『生活のしおり』に明記されていなくても、実際に指導が行われている指導基準については、すべて校則として扱い、明文規程を示す場合には『校則』と表記した。

以下では、まず、生活指導に関するインタビューおよび会議での校則見直しに関するやりとりに照準し、次いで、校則の運用について検討する。続けて、教師による校則見直しの可能性について確認した上で、今後の校則見直しに向けた展望を示す。

2　教師はどのように校則を「見直さない」のか

校則を見直さないことのやむを得なさ

本節では、教師間で校則見直しに向けた発言をしない点について、インタビューで得られた教師の語りを整理する（鈴木　二〇一一、二〇二二）。その第一は、「教師は多忙であり、校則を見直す余力がない」という〈労働〉を枠組みとした説明である。以下は、校則の見直しが為されない点について問うた際に得られたコメントである。

もう忙しすぎて、そんなことに長いこと関わっていられない、もう。ええ、それがほんとのとこです、私はね。で、すごく思ってることは色々ありますけど、まぁ、いいかというふうに。(略)それにどう言ったらいいんでしょう。もっと大事なことがあるっていいますか、……私はやっぱり授業だと思ってるんで。(小島教諭：五〇代前半：女性)

ここで小島教諭は、教師は細かな指導基準に対し、違和感を持つことがあるものの、多忙ゆえにそれを表明することを控えると述べている。教師が多忙であることは、今日、広く共有された常識的知識であり、それを参照した説明は聞き手を説得する有力な枠組みとなっている。ただし、「忙しいからやらない」という説明が必ずしも十分ではない点には留意が必要であろう。教師には多忙であっても取り組まなければならない課題があり、小島教諭も限られた時間のなかで為すべき職務の優先順位を語ることで説明を補足している(「もっと大事なことがあっていいますか、……私はやっぱり授業だと思ってるんで」)。教師は校則といった生活指導に関わることだけでなく、学級経営、校務分掌、部活動指導、保護者対応、教委とのやりとり等、多岐にわたる労働に従事している。とりわけ、授業の準備に優先的に時間を割くべきことは(実際にそうしているかは別として)、一般的に教師に期待されていると言ってよい。このような規範的期待が共有されている時、「多忙」だけでなく職務の優先順位について語ることは、校則見直しに向けた発言をしないことを適切な、少なくともやむを得ないこととして提示する一手となる。

第二は、「共同体への新たな参入者は既存の方法に異議を唱えることが難しい」という〈文化〉を枠組みとした説明である。以下は、着任一年目の中村教諭（四〇代後半：女性）に指導基準に対し違和感を述べないことについて問うた際のやりとりである。

まぁ、世の中全般的に最初の一年は様子を見ようってとこあるでしょ？（略）でも、私はそれもありつつ、最初の一年の新しいとこに来た感覚ってすごく大事だと思うんです。だって、どっぷり浸かると、一年経ったら、すっかりそれに染まるでしょ？……私は本当は今年一年間で「変だな」って思うことを「変だ」って言った方が、いいよなって思う、ほんとはね。でも、それは人間関係をやっていく上には、どうかなっていうのも思う。

小島教諭も先に見たインタビューの別箇所で、赴任先のやり方に異論を表明しないことを「郷に入ったら郷に従え」と表現しており、「新任者は新たな赴任先のやり方に口を挟むべきではない」との規範は広く共有されていると言ってよいだろう。

他方で、ここでは、「新任者だからこそ従来のやり方の問題を見出すことができ、学校改善に貢献すべき」という別種の規範も参照されている。それは、新任者を単に赴任先の指導方針を無批判に受容する存在ではなく、変革の担い手となり得る者として位置づける。ただし、続けて、新任者による違和感表明が先任者との葛藤を生み出すことへの懸念が語られ、最終的に

は発言の難しさが結論づけられている。(3)

第三は、「指導の方法は多様であり、厳しい指導法を否定できない」という〈教育〉に関する語りである。これに関連して、上述の中村教諭へのインタビューの後続箇所を参照したい。

あとは、何がいいっていうのが、白と黒に分けられないでしょ。やり方っていろいろあるもんね。だから、「自分は今までこうやってきたからこれでいい」っていうのと違うだろうし、それで、「ここはこのやり方で、ここまで先生たちが苦労して築いてきた」っていうのがあれば、やっぱり、「うーん」って思っても、それは大事にしなきゃいけないことなんだろうなぁって思うと、何も変わらないかな、とも思う。うん。

ここでは、教育には多様な指導法が存在し、それらの間に優劣をつけるのが難しく、それぞれが尊重されるべきである旨が語られている。このような教育論を語ることで、違和感表明の難しさがより説得的なものとして提示されている。

以上のように、教師は〈労働〉〈文化〉〈教育〉を枠組みとすることで、指導基準の見直しに向けた発言の難しさを説明していた。では、実際に見直しに関わる発言が為された際には、それはどのように処されていくのだろうか。

校則見直しの動きへの対処法

本項では、校則への異議がどのように処されていくのかを生活指導部会での実際の議論をもとに検討していく。以下は、「エナメルバッグ」(光沢素材の肩掛けスポーツバッグ)の使用禁止をめぐるやりとりである。北中学では、エナメルバッグは野球部等で指定のものを購入する場合を除いて使用が禁止されていた。これに対し、四月に開催された部活動父母の会理事会において、他の部活動から休日活動時の使用許可が求められ、後日に関係者が協議し、要望が受け容れられることになった。五月に開催された生活指導部会では、この件に関する発言を契機として、エナメルバッグ使用禁止に対する異論が述べられ、以下の議論となった。

01　杉山生活指導部長(進行役)：……先生たちが一枚岩になって十分に指導できないところがあります。学校の『(生活の)しおり』にも「中学生らしい」ということで細かいところは切ってきた。職員として「中学生らしい」というのはここらへんのレベルだよ、というのを覚えておいてほしいということでいくつかあげてみた。また細かいところまで決めるとなると規則の多い北中になってしまうので、あまりよくないんですが。(略)

06　杉山：(休日部活動時のエナメルバッグ使用に関して)親が言ってくるとどんどん変わってしまうので、生活(指導部)としてもやりにくいんですが。(略)

10　平野：僕が親だったら、「何でエナメルバッグじゃダメなんだ」って、話になるよ。生活指導部が、何かエナメルバッグに偏見持ってるんじゃないか。規則がない方がいいんじゃないか。
11　後藤：エナメルバッグがなぜダメか説明できないでしょ。
12　岩月：ロッカーのなかに入らない。
13　平野：そんなことはどうにでもなる。石川さんのクラスではS字フックで吊るしてた。大きさがどうだこうだっていうのは説明にならない。
14　後藤：特定のバッグを排除する理由がわからない。サイズならわかるけど。
15　田中：結局、自転車通学が多いから。実際、（リュック型でないバッグを自転車の荷台に紐一本で留めて、事故になったようなケースもあった。一本のゴム紐で留めて。
16　杉山：この学校の指導の経緯があるので。「新対」※で話し合ってもらうのがいい。
17　田中：ちゃんとしてる生徒は、二本で縛ってる。「時代だから」というのもわかるけど。
18　岩月：自転車通（学）の特性と大きさの問題。
19　杉山：「新対」で意見出してもらうしかない。（略）
21　杉山：生活（指導）部の足並みだけは揃えたい。荒れる原因は先生によって言うことが違うということ。……「あれ、『しおり』に書いてないでしょ」と言われたらおしまい。じゃあ、あの先生に言ってもこの先生に言っても全部同じという状態にしたい。
22　岩月：全部書いちゃうとキリがない。

23 前田：昔にもどっちゃう。（略）
62 田中：「新対」で再三意見を聞いたのに、その時には出なかった。
63 杉山：新しく来た人は仕方がないが、前からいる人は。とにかく途中で変わるのはよくない。エナメルバッグ（保護者要望による使用許可拡大）は驚き。……
64 兼子：保護者が言ったから変わるってのは良くないよね。（略）
71 杉山：修学旅行の時、ダメだと言っておいたのにエナメルバッグで来た子は帰した。……生活（指導）部だけでも一枚岩であってもらえるとありがたい。

※「新対」：「新年度対策」という年度末に複数回開かれる次年度に向けた改善会議の略称。

以上のやりとりでは、発言10以降にエナメルバッグ使用禁止への異論が表明されたが、この会議では見直しに向けた具体的な議論に進展することはなかった。異論表明は次の方法によって対処されていた。

第一は、〈意思決定〉に関する以下の諸規範の参照である（鈴木　二〇一二）。その一は、意思決定の機会に関する規範である。基準への疑義に対し、杉山生活指導部長は「とにかく途中で変わるのはよくない」（63）と述べることで、具体的な検討の機会を年度末に開かれる「新対」へと先送りしていた。その二は、「自らが審議に参加した決定事項には従うべき」という民主制規範である。「「新対」で再三意見を聞いたのに、その時には出なかった」（62）、「新しく来た人は仕方がないが、前からいる人は」（63）といった発言は、この場の会議参加者を「新しく来た人」と「前からいる人」に二分し、後者を「新対」での審議に参加した者、すなわち、そこで異論を表明せずに現行基準に同意した者と位置づける。後者には民主制規範の遵守が期待されるため、これらの語りは「前からいる人」による異論表明への牽制として聞かれるだろう。その三は、「学校における意思決定は教師が担うべき」という意思決定主体に関する規範である。ここでは保護者要求に応じた基準見直しが否定的に言及されている(06、63、64)。この背後には、保護者の要求が子どもの意見を反映したものと捉えられていることがある。杉山生活指導部長は別の会議で「エナメルバッグの件だって親が言ってるが、実際は子どもが言ってるから親が言ってくる」と発言しており、同種の発言は他の教師にも見られた。これらは、教師が保護者を校則に不満を持つ子どもの代弁者として捉えていることを示している。教師は、校則を見直すにしても、その起案・決定の権限は自分たちにあるべきで、生徒やその「代弁者」である保護者の要求に応じる形は好ましくないと評価している(鈴木　二〇一四)。このような常識が共有される時、提案を保護者の要求と結びつけて話すことは、見直しを抑制する方向に作用するだろう。

第二は、〈教育〉を枠組みとした主張である(鈴木　二〇二二、二〇二二)。ここでは、「荒れ」に関する言及がそれにあたる。会議では、「荒れる原因は先生によって言うことが違うということ」(21)というように、教師間の足並みの乱れが荒れの原因として語られ、これによってエナメルバッグ使用禁止をめぐる論争は収束していた。

ただし、このような「教師が足並みを揃えて徹底した生活指導をしなければ学校が荒れる」

という因果論に対する反証もある。例えば、長野県では私服可の高校が半数に及ぶが、そのことが原因で学校が荒れているという話は聞かない。しかし、こうした反証によっても「荒れ」と共同歩調の因果的関係が解かれるには至っていない。[4]

これを考える上で、H・サックスの成員カテゴリー化装置というアイデアが示唆を与えてくれる(Sacks 1972)。サックスはある〔成員カテゴリー〕にはそれに結びついた特定の述部があると指摘する。例えば、〔母親〕には、泣いているわが子をあやすという行為が規範的に結びついており、この結びつきは、それに反する行為が観察されても覆ることはない。注目すべきは、人びとは経験から帰納的に規範を導いているのではなく、規範を参照することで、自他の経験をそれとして理解している点である。先ほどの例に戻ると、私たちが「母親は泣いているわが子をあやす」という規範的結びつきを共有しているために、泣いている赤ちゃんを母親が抱き上げる姿を見た者は、その赤ちゃんがたとえ〔男性〕であっても「泣いている小柄の男を大柄の女が抱き上げた」とは理解しないし、もし泣いているわが子をあやさない母親を見ても、それによって「母親がわが子をあやす」という結びつきを解くのではなく、その母親を「ひどい母親だ」と非難するはずだ(cf. 小宮　二〇〇七)。

「教師が足並みを揃えて徹底した生活指導をしなければ学校が荒れる」という因果論もこのような結びつきの一つである。それは、反証によって覆すことが難しく、しかも、教師がそうした主述関係を経験に先立って共有しているために、それを枠組みとして、目前の(あるいは過去の)出来事をそれとして「経験」することが可能となっている。この「経験」が「荒れ」と共同歩調の因果論のもっともらしさを例証することで、経験と因果論との間に互いに他を支え合う再帰的な循環構造が成立することになる。

　また、「荒れ」と共同歩調の因果論に対し、校則が緩くても荒れていない実例をひきながら反論しても、将来における「荒れ」リスクを想起させることで再反論が述べられることも考えられる。北中学は調査時には落ち着いた状態であったが、教師は会議場面で将来の「荒れ」リスクに度々言及していた。荒れるリスクが語られるなかで、校則の見直しを求めることは、仮にその後に学校が荒れた場合にその責を問われることを含意する。ある教師（四〇代後半・男性）は、「後でね、「あの時、あんたこう（管理教育への批判を）言ってたけど、そうなった（学校が荒れた）じゃないですか」ってことは言われたくない」と述べており、「荒れ」をめぐる責任論は会議での沈黙を説明する要素となっていた。

　本節では、教師が校則見直しに積極的に関与しないことをやむを得ないことと説明する際には、〈労働〉〈文化〉〈教育〉を枠組みとすること、そして、実際に表明された異論に対処する際には、それらに加え、〈意思決定〉に係る機会・遵守義務・主体に関する諸規範を参照することが確認された。次節では、厳格な指導が曖昧な『校則』の下で行われる一方、校則で禁止された事項であっても必ずしも指導されるわけではない点について検討を加えていく。

3　生活指導は校則に基づいて行われているのか

曖昧な『校則』下での厳格な指導

前節で見たエナメルバッグの使用禁止は、実際には、『校則』(＝『生活のしおり』上の規程)ではない。他にも「通学用バッグの色は黒」「下着の色は白」「ショートソックスの禁止」といった事項も、『校則』に記載されていないにも拘らず指導対象とされていた。校則集である『生活のしおり』における所持品に関する表記は次のようなものだった。

> ●以下に基本となる約束を説明します。色や形など、その他の細かな点については、学校生活にふさわしいかどうかを自分なりに判断してください。なお、その際の参考として、学校生活にふさわしいかどうかを判断する視点をあげておきます。
> ○機能的で、活動的であるか。○衛生的で、清潔感があるか。
> ○質素で、無駄なかざりはないか。○華美ではないか　など

近年、校則が厳しくなっているとの指摘があるが(荻上・岡田 二〇一八)、一九八〇年代後半以降、過度に些末な事項にわたる校則で生徒を縛る管理教育が批判の対象となり、校則の見直しが促されてきた(文部省 一九九〇)。北中学の校則集である『生活のしおり』の簡潔で曖昧な表記やそれに関する教師の発言(「「中学生らしい」ということで細かいところは切ってきた」(01)、

「昔にもどっちゃう」(23)もそうした潮流を裏書きする。

ここで留意すべきは、次の二点である。第一は、『校則』が簡潔で曖昧な表記になっても厳格な指導が継続されている点である。エナメルバッグに関しては『校則』でないにも拘らず、「修学旅行の時、ダメだと言っておいたのにエナメルバッグで来た子は帰した」(71)といった厳しい指導が行われていた。ただし、「あれ、『しおり』に書いてないでしょ」と言われたらおしまい」(21)との発言が示すように、教師の側も『校則』に基づかない指導の問題について自覚していたと言ってよい。しかし、「『中学生らしい』というのはここらへんのレベルだよ」(01)ということを教師集団が共有し、生徒が指導への疑問を「あの先生に言ってもこの先生に言っても全部同じという状態」(21)とすることで、事実上の指導基準を保持することが目指されていた。

第二は、『校則』が曖昧な表記に改められてきたことを積極的に評価している点である。「昔にもどっちゃう」との発言23は、「細かいところは切ってきた」こと(01)、すなわち些末な指導事項を削除してきた脱管理教育の道のりを進歩として、そして、『校則』の細則化による管理教育強化を時代に逆行する退歩として、それぞれ積極的／消極的に評価するものである。「また細かいところまで決めるとなると規則の多い北中になってしまうので、あまりよくないんですが」との発言01も同様の評価づけであり、これらは教師たちが「細かい『校則』による管理教育は好ましくない」という規範を共有していることを示している。

反管理教育規範をもとに曖昧な『校則』表記を積極的に評価することと、実際に厳格な管理教育を行うことは一見矛盾するように見える。しかし、次のような教育および組織に関する規範があることで、両者はむしろ好ましいものとして理解可能となる。一つは、「生徒は明文規程に義務的に従うのではなく、主体的に指導事項の趣旨に適った振舞いができることが望ましい」という〈教育〉に関する規範であり、いま一つは、「教師は明文規程に従って義務的に指導するよりも、共通理解に基づき共同歩調で指導することが望ましい」という〈組織〉に関する規範である。これらはさらに「義務的他律的な行為よりも自発的自律的な行為が好ましい」という規範によって下支えされ、曖昧な『校則』と厳格な指導は対立や矛盾ではなく、好ましい教育・組織の姿として理解されることになる（鈴木　二〇一六）。

校則に基づく指導を行わないことの正しさ

他方で、教師たちが校則に基づいた指導を行わないことがある点にも留意が必要であろう（鈴木　二〇一二）。ある教師はインタビューのなかで、「教師と生徒の人間関係があるもんですから、それを一概に、ダメ、ダメ、ダメってやってくのは、なかなか難しい」（五〇代前半：男性）と述べ、杓子定規に指導基準を適用することの問題を指摘している。このような人間関係への配慮は、学校に気持ちが向いていない逸脱傾向にある生徒に対する指導において、とりわけ説得的なものとなる。そうした生徒の担任教師は、他の教師から厳しい指導をするように要求されることはないかとの筆者の問いに対して、「あ、その辺は、ないよ。ないないない。うん。ま、半ばしょうがねぇなってのは、先生たちもわかってるだろうからねぇ」（五〇代前半：

男性）と述べていた。これらは、「教師は生徒との人間関係を尊重すべきであり、校則を機械的に適用すべきではない」という規範が共有されていることを示している。

また、「校則だから守れ」という言い方は極力避けられている点も注目される。観察した範囲内では、『校則』であっても、教師が「とにかく『校則』なのだから守らせよう」といった具合に有無を言わさず議論を進めるようなことはなかった。むしろかれらは、何らかの合理的理由づけを試みていた。ある会議では「下足は白を基調とした運動靴」という『校則』に関して、「今の親は「なぜ？」っていうのがあるから、そういうところをはっきりさせていくことが大切。……靴を白にするのも、汚れが目立つから常に洗って清潔に保てるっていうのがある。根拠をあげないと親が反発する。親が反発すると子どもも反発するようになる」（岩月教諭：五〇代前半：女性）との発言があった。これらは、教師は『校則』を盾に生徒（や保護者）を従わせるよりも、相手の納得を得ることを優先していることを示している。

4　校則への異論表明は可能か

これまで教師による種々の枠組みの使用や諸規範の参照を見てきたが、教師は常に特定の枠組みや規範に拘束されているわけではない。実際、先に見た生活指導部会において平野教諭は校則に対し、積極的に異論を表明していたが（10、13）、このことは、教師は多忙な労働環境下においても、校則見直しに向けた積極的な発言を為し得ることを示している。また、後藤教諭は新任者であるが、校則への違和感を積極的に述べており(11、14)、新任者が必ずしも「最初の一年は様子を見る」わけでもなかった。なるほど、かれらが多忙な〔労働者〕であり、〔新任者〕であることは客観的には「正しい」のだが、差し当たり〈労働〉や〈文化〉といった枠組みはその場のやりとりにとって「レリヴァント」ではない(関連を持たない)。

「僕が親だったら、「何でエナメルバッグじゃダメなんだ」って、話になるよ」(10)、「エナメルバッグがなぜダメか説明できないでしょ」(11)、「特定のバッグを排除する理由がわからない」(14)といった異論表明は「規則は合理的であるべき」といった〈規則〉に関する規範を前提にしている。ここでは、「ロッカーのなかに入らない」から禁止するといった教師が語る合理性が相対化され、保護者も納得できる合理的説明が求められている。

他方で、〔新任者〕としての適切な振舞いによって、赴任先の指導基準に異論を表明する方法もある。生活指導部会の別の箇所で、「ショートソックス」に対する議論があったが、そのなかで、くるぶしが隠れるスポーツタイプの靴下も禁止対象となることが示されると、新任者の後藤教諭は「ダメなの?」と驚いた様子で問い直していた。さらに、下着の色が白とされている点についても、『生活のしおり』を確認し、その文言を読み上げ、「「学校生活にふさわしいかどうか」「質素・華美でない」というくらいか」と述べていた。これらは現行の指導基準を驚くに値するものであることを実際に驚いて見せることで、また、『校則』の表記は下着の色を白に限定するには不十分であることを「……というくらいか」との評価を与えることで、それぞれ表示する実践であった。このような現行指導基準に評価を与える行為は、それを知悉していない〈新任者〉にとって適合的な振舞いであり、先任者が同じ振舞いをすれば、「本来知っているべきことを知らない者」として非難の対象となり得る。つまり、後藤教諭は〈新任者〉として適切に振る舞いながら、校則への違和感を表明していたのである（鈴木　二〇二二）。〈意思決定〉や〈教育〉の論理も常に教師を従わせているわけではなかった。エナメルバッグの使用は保護者の要望を受けて、年度途中に緩和されていたが、これは校則変更に関する意思決定の機会を「新対」に限定する制度規範に反している。また、別の会議で行われた制汗剤の無香料指定をめぐる議論では、教師集団の一致団結した指導が〈荒れ〉を克服したという経験を語ることで、異議申立てを牽制する場面があったが、それによっても異論表明を抑えることはできていなかった（鈴木　二〇二二）。

以上のように、教師による校則見直しの有り様に種々の枠組みや規範を変数とした一般的な説明を与えることは難しい。そもそも研究者が、人びとを特定の規範を内面化し、それに従う受動的な存在として説明してしまうことへの批判もある。H・ガーフィンケルは、規範を人びとの行為を説明する変数として扱うのではなく、人びとが規範を使用して、その場面を理解する実践を記述することを目指し、自らの研究方針（および人びとが実践を作り上げている方法の論理）をエスノメソドロジーと名づけた（Garfinkel 1967）。エスノメソドロジストであるJ・クルターは、行為は人びとが社会的に共有する規範等によって制限されてはいるが、規範によって行為や思考が因果的に決定されるわけではないと説く。彼は、規範は人びとが自他の振舞いを理解・評価するために参照されるものに過ぎず、行為の文脈依存性を有限個の先行する条件に整理することの不可能性を指摘している(Coulter 1979)。

もっとも、こうした指摘は人びとが常にいかなる規範からも自由であることを主張するものではない。この点を考慮するうえで、ガーフィンケルと並びエスノメソドロジーを進展させたサックスによる成員カテゴリー化装置のアイデアにいま一度立ち戻りたい。サックスは自殺防止センターでの電話相談を検討し、自殺志願者の多くが「誰も頼れる人がいない」と語ることに注目した(Sacks 1972)。私たちは、自殺志願者は本来、〈家族〉や〈友人〉といった頼りにできる関係にある人に救いを求める権利・義務を持ち、〈他人〉は相談相手としてふさわしくないとの規範を共有している。このような規範が想起される時、「誰も頼れる人がいない」という語りは、〈他人〉に悩みを訴えることへの弁明として聞かれることになる。これに対し、相談員は「専門家の助けが必要なことだってあるでしょう」と応答することで、〈自殺志願者・他人〉というカテゴリー・ペアを〈専門家・対象者(クライアント)〉へと組み換える。このようなカテゴリー転換は、他人であるはずの相談員が自らを〈家族〉よりも相談相手としてふさわしい者=〈専門家〉と位置づけることで、相談というワークを成し遂げる方法となっている。ここには、人びとは種々の規範から完全に自由であるわけではないが、どの規範をその場にとってレリヴァントなものとするかはやりとりに参与する者の実践に依存することが示されている。

教師たちが、発言が難しいとされる労働的・文化的環境にありながらも、校則への異論表明を為し得たことも、このようなカテゴリー転換によって理解可能となる。たしかに、多忙な〈労働者〉や〈新任者〉といった成員カテゴリーは校則見直しに向けて積極的に発言するという述部とは結びつきにくい。しかし、かれらは〈時に〈新任者〉として適合的に振る舞いながらも〉、校則の不合理さを指摘することで、〈規則制定者〉として「規則は合理的であるべき」という規範をその場にとってレリヴァントなものとしていたのである。⑤

5　校則問題の枠組みを転換する

以上の検討をもとに、今後の校則をめぐる議論の展開可能性について若干の含意を述べたい。⑥まず、確認すべきは、教師による校則に関する議論やそれに基づく指導は必ずしも特定の規範に従った硬直的なものではないという点である。教師は、〈労働〉や〈文化〉といった特定の枠組みに搦め捕られ、校則問題について常に沈黙しているわけではなく、〈規則〉に関する規範をレリヴァントにすることで指導基準への異論を表明していた。また、「荒れ」に関する教育論を語ることで、『校則』に明記されていない事項の組織的で厳格な指導を要請する一方で、「生徒との人間関係」や反管理教育という教育論を語ることで、そうした指導の不履行を適切なこととして扱っていた。つまり、かれらは成員カテゴリーの転換や、同じ成員カテゴリーに規範的に結びつく多様な述部の参照によって、校則を見直すこと／見直さないこと、校則に従って指導すること／しないことをそれぞれ適切なものと解釈する／させているのである。

このような文脈依存性を統制の対象と見なすこともできる。例えば、曖昧な『校則』下での組織的で厳格な指導を避けるために、「中学生／高校生らしい」といった表記を避け、明示された規程以外は指導しない／させないといった方針を徹底することも考えられる。しかし、これにも問題が残る。第一は、曖昧さは完全には回避できない点である。「中学生らしい」を削除したとしても、「華美ではない」「〇〇色を基調とした」「〇〇等」といった表記を避けることは難しく、教師の裁量を完全になくすことはできない[7]。

第二は、教師の日常は明記されていない指導事項で満ち溢れている点である。ワイシャツの裾を入れさせる、上履きの踵を踏んでいたらやめさせるといったことを「全部書いちゃうとキリがない」[22]のであり、書いていないことは指導しないという方針の徹底は難しい。

第三は、文書主義の徹底が「ゼロトレランス」に向かうリスクである。ゼロトレランスとは、小さな問題行動であっても見逃すことなく指導基準に従って毅然とした態度で指導する方針を意味するが、生徒を従属的存在と見なす点で問題がある。文書主義の徹底は、規程があるものについては妥協せずに指導するというゼロトレランスの方針と地続きである。生徒を人権の主体と認め、その権利を尊重するための校則見直しが、結果的に生徒を従属させるゼロトレランス的指導を招き入れてしまうとしたら、何とも皮肉な結果だと言えるだろう。

この「生徒の人権尊重」が教師間のやりとりにおいて、十分に参照されていないことが校則見直しの議論における大きな課題だと指摘できる。教師・生徒をめぐる権利関係については、かつての国民の教育権論において、教師は国家による教育への不当な支配を排除し、子どもの学習権を保障する専門家として位置づけられてきた（兼子　一九七八）。しかし、教師の「教育権」は学習権を保障する教育の「権利」というよりは学校制度上の「権限」であり（奥平　一九八二)、教師の権限行使が生徒の自由権や自己決定権といった一般的人権を抑圧する危険性もある(今橋　一九八三)。こうした指摘は、教師・生徒間関係を〔公権力の行使者〕と〔人権主体＝市民〕という成員カテゴリーで理解することによって支えられている。[8]

たしかに、教師が生徒主体の校則見直しを支援する活動も広がりを見せている。[9] しかし、それは、〈権利〉よりも〈教育〉、すなわち、「ルール作りに参加させることで生徒を民主制を担う市民に成長させる」という枠組みのなかで展開されているように見える。[10] ここにおける成員カテゴリー・ペアは〔教師・生徒〕であるが、校則をめぐっては教師による生徒の権利侵害が問題視されているのであり、その解決に向けては、〔公権力の行使者・市民〕というカテゴリー・ペアをレリヴァントな枠組みとして議論を進めていく必要があるだろう。

もちろん、〈権利〉を枠組みとした議論も既に多方面で展開されている。例えば、福岡県や佐賀県では、弁護士会が校則について人権保障の観点から積極的に提言している(朝日新聞：二〇二一年二月二三日福岡県版、二〇二一年三月二五日佐賀県版)。[11] 教師は〈教育〉の〔専門家〕ではあるが、〈権利〉の枠組みにおいては弁護士が〔専門家〕となり、教師は人権問題としての校則問題の改善について助言を受ける〔対象者（クライアント）〕に位置づけられる。〔専門家〕には〔対象者（クライアント）〕に対し、優先的に発言する権利・義務が結びついており、その発言は〔対象者（クライアント）〕を支援するものとなる。

ただし、この枠組みが常にレリヴァントであるわけではない。仮に弁護士が相手であっても、教師が〔対象者（クライアント）〕ではなく〈教育〉の〔専門家〕として振る舞い、校則問題の議論を主導することも当然にあり得る。その場の議論が何の問題として語られるかは、参与者の実践に依存するのであり、特定の枠組みが常に他に優先するわけではない。

以上を踏まえると、教師自身が議論の場で〈権利〉を枠組みとしていくことが校則見直しにとって重要な一手となると指摘できる。例えば、「生徒に茶髪を黒く染めてくるように指導してくれ」という同僚教師の発言に対し、「はい」と答えれば、それは〈教師〉間における指導の「要請・受諾」として理解されるが、「子どもの権利を考えると、そういう指導はまずくないですか」と問い返すことは、〈教師〉による「指導」を〈公権力の行使者〉による「権利侵害」へと定位し直す一手となる。もちろん、「では、面接にあの髪色で行かせるのか」といった教育論による切り返しもあるだろう。しかし、そうした切り返しに対しても〈権利〉の枠組みを維持するような次なる一手を繰り出すことも可能であり、それによって議論を組み立てていくことが教師による校則見直しの方法として期待される。

注

（1）　二〇一七年、大阪府立懐風館高校の女子生徒が茶髪を黒く染めるよう繰り返し指導され、精神的苦痛を受けたとして府に損害賠償を求めた訴訟。最高裁は女性側の上告を退け、黒染め指導の違法性を認めなかった一、二審判決が確定した（朝日新聞：二〇二二年六月十八日）。

（2）　この調査をもとにした分析は既に鈴木（二〇二二）等にまとめられている。本章では、関連する論稿を適宜参照するが、会議場面の発言06〜23は初出資料であり、全体としても新たに考察を加えている。

（3）　同僚との調和を優先する態度は教員文化論（永井　一九七七）の指摘とも符合する。

（4）　長野放送、二〇二一年六月一二日〝【特集】高校の「私服率」長野県五〇％　突出して全国一位　背景探ると……戦後に二つの大きな「契機」」(https://www.nbs-tv.co.jp/news/articles/2021061400000002.php 参照二〇二二年三月二四日)。

(5) 鈴木(二〇一九)は教師が成員カテゴリーや諸規範を転換させながら、下校時刻について議論していく実践を検討している。

(6) 調査から十余年が経過しており、教師間のやりとりのなかには今日では為されない語りもあり得る。当時と現在の校則をめぐる諸概念の変容を論じることは、本章の目的を超えるものであり、ここでは対象事例の分析にとどめたい。

(7) 規則の厳密な適用の困難さについては、北沢(一九八七)を参照されたい。

(8) ここでは、さしあたり公立学校教員を念頭においている。私人間関係にある私立学校における教師・生徒間関係については、別途考察する必要がある。

(9) 生徒主体の校則見直しも人権尊重の理念が抜け落ちていると、民主的な形式下で多数派による専制を生み出してしまうおそれがある。

(10) 『提要』改訂版では、意見表明権を含む子どもの権利条約に言及し、生徒主体の校則見直しを後押しする内容となっている。ただし、そこでは子どもの権利侵害の例として、いじめや暴力行為および安全に関する事項が例示されており、教師による校則を介した権利侵害は想定されていない。

(11) もっとも、熊本丸刈り訴訟や大阪黒染め訴訟の判決では、校則制定をめぐる校長の幅広い裁量を認めており、司法は必ずしも子どもの自己決定権を優先させてはいない。しかし、弁護士会の活動に見られるように法律専門家の間にも校則の有り様をめぐる解釈は多様にあり、こうした活動が司法が参照する「社会通念」の変容に貢献することも期待される。

文　献

Coulter, J., 1979, *The Social Construction of Mind: Studies in Ethnomethodology and Linguistic Philosophy*, Macmillan(＝一九九八、西阪仰訳『心の社会的構成――ヴィトゲンシュタイン派エスノメソドロジーの視点』新

曜社).

Garfinkel, H., 1967, *Studies in Ethnomethodology*, Prentice-Hall(＝一九八九[第二章抄訳]「日常活動の基盤」北澤裕・西阪仰訳『日常性の解剖学――知と会話』マルジュ社).

今橋盛勝、一九八三『教育法と法社会学』三省堂。

兼子仁、一九七八『教育法〔新版〕』有斐閣。

河﨑仁志・斉藤ひでみ・内田良編著、二〇二一『校則改革――理不尽な生徒指導に苦しむ教師たちの挑戦』東洋館出版社。

北沢毅、一九八七「規則適用過程における行為者の意志――「規則に従う」とはどういうことか」『ソシオロジ』第三二巻第一号。

小宮友根、二〇〇七「規範があるとは、どのようなことか」前田泰樹・水川喜文・岡田光弘編『ワードマップ エスノメソドロジー――人びとの実践から学ぶ』新曜社。

永井聖二、一九七七「日本の教員文化」『教育社会学研究』第三二集。

文部省、一九九〇『我が国の文教施策〈平成2年版〉』。

荻上チキ・岡田有真、二〇一八「データから見るブラック校則」荻上チキ・内田良編著『ブラック校則――理不尽な苦しみの現実』東洋館出版社。

奥平康弘、一九八一「教育を受ける権利」芦部信喜編『憲法Ⅲ 人権(2)』有斐閣。

Sacks, H., 1972, "An Initial Investigation of the Usability of Conversational Data for Doing Sociology," Sudnow, D. ed., *Studies in Social Interaction*, The Free Press, pp. 31-73, note, pp. 430-431(＝一九八九「会話データの利用法」北澤裕・西阪仰訳『日常性の解剖学――知と会話』マルジュ社).

西郷孝彦、二〇一九『校則なくした中学校 たったひとつの校長ルール』小学館。

鈴木雅博、二〇一一「学校における組織的意思決定と教師の自律性との関係性――教師が語る言説の機能に着目して」『日本教育行政学会年報』第三七号。

鈴木雅博、二〇一二「生活指導事項の構築過程における教師間相互行為――日常言語的な資源としてのレトリックに着目して」『教育社会学研究』第九〇集。

鈴木雅博、二〇一四「学校現場におけるアカウンタビリティ概念の作用と帰結——ミクロ・ポリティクス的視角からの検討」『日本教育行政学会年報』第四〇号。

鈴木雅博、二〇一六「教師は曖昧な校則下での厳格な指導をどう論じたか——エスノメソドロジーのアプローチから」『教育社会学研究』第九九集。

鈴木雅博、二〇一九「下校時刻は何の問題として語られたか——時間外の仕事に規範を結びつけて解釈すること」『教育社会学研究』第一〇五集。

鈴木雅博、二〇二二『学校組織の解剖学——実践のなかの制度と文化』勁草書房。

第４章　学校という「公共圏」と校則見直し
――「皆が幸せになるルールをつくる」マネジメント職のリーダーシップ――

末冨　芳

１　問題設定

学校を民主主義の実践の場であるとみなしたとき、その「公共圏」は、単に学校の中にとどまらない広がりを持つ。

学校という「公共圏」は、生徒・教員によって形成される「内側の公共圏」と、保護者、地域等のステークホルダーも含む「外側の公共圏」によって形成される。

通常、校則見直しは緊張を伴うプロセスとして想定されがちである。しかし、「内側の公共圏」の中でも「外側の公共圏」とも、対話やコミュニケーションを重視し、「皆が幸せになるルールをつくる」、包摂的な校則見直しのプロセスの実現は可能である。

本章では、二〇二〇年度における安田女子中学高等学校の校則見直しの一連のプロセスを整理し、校則見直し（ルールメイキング）を進めてきた校長補佐のマネジメント職としてのリーダーシップに焦点を当てた考察を行う。安田女子中学高等学校の校則見直しは経済産業省「未来の教室」実証事業の一つ、みんなのルールメイキングプロジェクトとして進められた。

すでに、校則見直しに取り組んだ校長補佐(二〇二〇年当時、現副校長)の安田馨氏による校則見直しのプロセスや課題、期待に関する論考は公開されている(安田　二〇二二)。また生徒の主体性が発揮され、シティズンシップ教育としての効果と意義も高いことは古田(二〇二二a)によって検証されている。

本章では、校長補佐が発揮したリーダーシップが校則見直しの中でどのように発揮されたのかを把握すること、「内側の公共圏」での生徒・教員が発揮した包摂性、そして「外側の公共圏」のステークホルダーとのコミュニケーションについても整理していく。

また最後に、校則見直しやそれを通じた学校運営の変革に取り組むマネジメント職に一般化されていくべき知見を導出する作業にも取り組む。

敢えて管理職ではなくマネジメント職と位置づけているのは、二〇二二年に改訂される「生徒指導提要」において、校則見直しを含む生徒指導が、「児童生徒や保護者、教職員の声(例えば、アンケートの回答データ等)を踏まえて、不断の見直しと適切な評価・改善」を行うＰＤＣＡサイクルに基づくことが強調されているためである(文部科学省　二〇二二：七五)。

管理職にとどまるリーダーには、改訂「生徒指導提要」の意図を反映した校則見直しは不可能である。

改訂「生徒指導提要」には「生徒指導の取組上の留意点」として「児童生徒の権利の理解」

が掲げられ、子どもの権利の国内法であるこども基本法、児童の権利に関する条約が明記されている。ルールメイキングプロジェクトにおいて「関わるすべての人が立ち返ることのできる指針」である「みんなのルールメイキング宣言」にも、個人の尊重、生徒の意見表明権の保障が前提とされている。いままでの管理型の学校運営にとどまっている限り、子ども自身の自由と尊厳、権利を前提とした、校則見直しの実現は不可能である。こども基本法が教育基本法とともに学校運営や生徒指導におよぼすインパクトについては末冨(二〇二二)に詳しい。

またルールメイキングプロジェクトでは改訂「生徒指導提要」と同様に、「一度つくった校則・ルールをみなおし続ける」原則とともに、単に校則を見直すということだけでなく、生徒自身の学びや気づき、教員の変化や「学校の中で対話の文化をつくること」など、学校の様々なレベルで継続的な変革のサイクルが想定されている(山本　二〇二二：八、苫野監修・古田・カタリバ編　二〇二二：一八六—一八七)。

単に校則を見直して終わり、ではなく、それを通じて「社会の中で自分らしく生きることができる存在へと児童生徒が、自発的・主体的に成長や発達する過程を支える教育活動」として(文部科学省　二〇二二：一二三)、校則見直しを含む生徒指導や、学校運営のサイクルをよりよく推進していくことがスクールリーダーに期待されている。

だからこそ、校則見直しやそれを通じた学校の変革を実現しようとするリーダーは管理職ではなくマネジメント職でなくてはならない。

本稿の執筆に際しては安田馨氏(二〇二〇年当時校長補佐)に二〇二二年二月に第一回予備イン

タビュー(以下、第一回インタビュー)をオンライン実施し、三月に安田女子中学高等学校を訪問し、第二回対面インタビューを実施している(以下、第二回インタビュー)。二回のインタビュー調査及び学校提供資料、オンライン公開資料等を中心に本章での分析と考察を進めている。合計五時間にわたるインタビュー調査および資料提供にご協力いただいたことにこの場を借りて感謝申し上げる。本章でのこれ以降の記述は、二〇二〇年当時の役職名に従い、安田校長補佐で統一する。

2　学校教育活動の中での校則見直し

なぜ校則見直しをするのか?

校則見直しは単独のマネジメントサイクルで動くわけではなく、学校教育活動全体の中での位置づけを持つ。学校の状況に照らし合わせ、「なぜ校則見直しをするのか」という意味を、スクールリーダーが明確に意識することは、教員集団のフォロワーシップが発揮されるうえでも重要である。

安田女子中学高等学校は、「校則の厳しい学校」と見られてきた一方、「教員生徒ともに伝統に支えられた校風に誇りを持っている」教員や生徒が多い(安田　二〇二二：六九)。

こうした校風の中で、生徒は場面にあわせた挨拶ができる、落ち着いて集団行動ができるといった良い面がある。一方で、自分で判断したり、経験のないチャレンジをするといった点で、もっと積極的に取り組めるようになるのではないかと、思う面もあったという（第二回インタビュー）。

このような状況の中で、「生徒が中心になる」「生徒自身が考えて行く」という形があってよいと考え、実証事業に応募したという経緯がある（安田　二〇二一：六八、第二回インタビュー）。また「学校にいる当事者である生徒自身が考えて行くことにより、伝統もある校則だからこそ教員だけでは変わりづらい校則の見直しの良いきっかけになるとともに、生徒の成長にもつながるのでは」という期待もあった（第二回インタビュー）。

なぜ校則見直しをするのか、という意味付けについて、安田校長補佐の視点からは、生徒が中心となって校則を見直すというプロセスが、生徒の成長につながるのではないか、という教育者としての期待が置かれていたことになる。

生徒は「できる」存在

生徒は校則見直しを「できる」存在だ、という安田校長補佐の生徒観も重要である。安田校長補佐は、校則見直しで安田女子中学高等学校をサポートした認定ＮＰＯ法人カタリバ（以下、カタリバ）のスタッフだった経歴もある。東日本大震災後の子ども・若者支援に関わる中で、子どもたちは自ら主体的に変革を「できる」存在だという経験を得ていたという（第一回インタビュー）。

同校の生徒たちについても、学校行事のルールを自分たちでつくって守れるなどの校風はあり、生徒は校則見直しを「できる」存在だという生徒観が、校則見直しへの挑戦を支えたというとらえ方もできる。

教員への信頼、心理的安全性の確保――「スタートラインに戻ってもいい」

スクールリーダーの教員への信頼は、良好な学校マネジメントの前提条件である。

「本校の先生方は生徒に近いところにいるので、生徒の気になっているものに対するアンテナがよく立っているんですよね」（第二回インタビュー）など、安田校長補佐は教員の平素からの生徒との関係づくりや観察力に信頼を置いている。

校則見直しを開始するにあたって、やはり教員のマインドセットは重要である。

他校の校則見直しの事例においても「学校の何かを変える、校則にしても勇気がいることなんですよ、先生も。勇気がいるし、もし何か変わったとき学校が荒れたりすると、すごく怖い」という教員の認識があり（ＮＨＫ　二〇二二）、安田女子中学高等学校に限らず、ほとんどの中学校・高校の教員が抱く「恐怖心」がある。

安田校長補佐のリーダーシップの発揮として注目されるのは、「うまくいかなければスタートラインに戻ってもいい」という前提を、二〇一九年度の校則見直しの初期段階から教員と共有している点である（第二回インタビュー）。

教員集団も一枚岩ではない。校則の見直しで学校が荒れるのではないか、生徒が教員の指示に従わなくなるのではないか、という懸念を持つ教員がいるのは当然のことである。

だからこそ、校則見直しが「うまくいかなければスタートラインに戻ってもいい」という前提を教員集団と共有することで、教員集団の心理的安全性が確保される状況につながる。

生徒がいて学校がある

生徒中心の校則直しに際して、安田校長補佐は生徒に「学校という場所は先生たちだけでつくる場所ではなく、生徒がいて初めて学校なんですよ」というメッセージを発したという（第二回インタビュー）。

こうした学校観が生徒に共有されることは、生徒が「先生たちとともに学校という場所をつくる」という当事者意識や主体性を持つきっかけとなる。

生徒が中心となって校則を見直すというルールメイキングプロジェクトに際して、生徒の参画をどのように実現するかが重要になるが、「生徒がいて学校がある」という学校観が共有されることも、生徒自身に当事者意識を育む上で重要と考えられる。

3　二〇二〇年度における校則見直し（ルールメイキング）の概要

ここで、安田女子中学高等学校における二〇二〇年度校則見直し（ルールメイキング）のタイムラインを把握しておく【表4-1】。

校則見直しの前年度である二〇一九年度に教員アンケートとワークショップが実施され、生

表 4-1　安田女子中学高等学校における 2020 年度校則見直し(ルールメイキング)の概要(学校提供資料より末冨作成)

2019年12月	教員アンケート
2020年 4 月	生徒会生徒による「ルールメイキング・キャンペーン」の開始
2020年 5 月	ルールメイキング・チャレンジ宣言
2020年 6 月	ルールメイキングプロジェクトのメンバー結成(20 名)
2020年 7 月	見直したいルールの洗い出し・見直し候補の校則を 9 つに選定
2020年 9 月	全校生徒アンケート／アンケート結果と重要度・緊急度の観点から 3 つに絞る
2020年10月	保護者アンケート／生徒アンケート／教員インタビュー／警察少年育成官インタビュー
2020年11月	学校への校則改善提案プレゼンテーション
2021年 1 月	学校側での検討／修正案についての生徒との対話／改定案確定
2021年 2 月	改定告知
2021年 4 月	校則の改定と施行

徒会との活動が開始されている。二〇二〇年度の新学期四月から生徒会による「ルールメイキング・キャンペーン」が開始され、五月に生徒会と学校で話し合った「ルールメイキング・チャレンジ宣言」が全校生徒に共有された。

「ルールメイキング・チャレンジ宣言」とは「学校は先生達だけでつくるものではなく、皆さんとともにつくるもの。みんなが幸せになるルールをつくるという目標の下、新たなルールづくりにチャレンジします」という内容のメッセージである(みんなのルールメイキング　二〇二二)。

ここで「皆が幸せになるルールをつくる」というビジョンが生徒にも共有された。

そのうえで、全校生徒からの応募者を募り高校生と中学生が混在するルールメイキングプロジェクトのメンバーが結成された。ルールメイキングプロジェクトは、生徒会の委員会と同等の組織として位置づけられ、校務分掌上、生徒会顧問が直接の担当となった。いっぽうで校則見直しについては生徒指導を担う生徒支援部の教員との連携も欠かせないことから、ルールメイキングプロジェクトの生徒たちは、生徒支援部の教員とも折に触れて相談やヒアリングをしながら校則見直しを進めていった（第二回インタビュー）。以降、プロジェクトメンバーを中心とした校則見直し（ルールメイキング）の手続きが進行することになる。

七月にルールメイキングプロジェクトメンバーにより、見直したいルールを九つに絞り、九月の全校アンケートを通じ三つのルール（スマートフォンの学校持ち込み禁止、放課後の店舗等への立ち寄り禁止、保護者の同伴なしにカラオケやゲームセンターなどへ行くことの禁止）を見直しの対象とすることとした。

そのうえで校則の見直しについて、保護者アンケート、校則の改定案を作成し生徒アンケートを実施、教員インタビュー、警察少年育成官へのインタビューを行ったうえで、一一月にルールメイキングプロジェクトから学校側への提案を実施した。生徒からの提案を受け、翌年一月に学校側が生徒にも保護者にもシンプルで伝わりやすい修正案を提示し、ルールメイキングプロジェクトも合意したうえで、校則改定案が作成され、二月に告知、二〇二一年四月に校則の改定・施行がされている。

見直し後の校則は、スマートフォン（情報端末機器）の連絡手段や学習利用に限り持ち込みが可能となり、コンビニ等の立ち寄りは保護者の同意を得ていれば可能に、カラオケやゲームセンターなどは保護者同伴を求めないものとなった。

4　校則見直しを支えるマネジメント職のリーダーシップ

対話を通じたビジョン創出――「皆が幸せになるルールをつくる」

安田女子中学高等学校の校則見直しの中核にある、「皆が幸せになるルールをつくる」というビジョンは、トップダウン方式ではなく、生徒会と教員との話し合いによって決められている（認定特定非営利活動法人カタリバ・ルールメイカー育成プロジェクト　二〇二一：一二）。

この際、カタリバ職員およびプロジェクトに協力する研究者、弁護士、ワークショップデザイナーなどの、教員ではない大人がファシリテーターとして、生徒・教員の双方を支える体制が構築されていたことが重要である。

校則見直しを行う場合、教員と生徒の理解と対話を促進するファシリテーションが重要になる。安田女子中学高等学校においては、直接の利害関係者ではない大人（カタリバ職員およびプロジェクトに協力する研究者、弁護士、ワークショップデザイナー）がその役割をつとめ、安田校長補佐はカタリバと学校・教員との調整の役割を担っていた（第二回インタビュー）。

学校の「内側の公共圏」において、教員と生徒は、統制者―被統制者あるいは、教授者―学習者という、タテの人間関係によって成り立つ部分が大きい。このタテの人間関係だけで校則見直しをしようとすると、教員と生徒の対話的関係が生まれるケースばかりとは限らない。

それに対し、研究者・弁護士やＮＰＯ職員等の外部ファシリテーターは教員でも生徒でも保護者でもない立場から、教員にも生徒にも話を聞いたり、アドバイスをしたり対話をすすめることができるナナメの人間関係として関わることができる。

ナナメの人間関係が学校に存在することで、教員の生徒に対するコミュニケーションにも変化が生まれている。

例えば先生に生徒が「何でこんなルールがあるんですか」と聞いたときに、いやそれはねと言ってすぐ生徒に説明してしまい、生徒も説得されて終わりということもあるかもしれません。

それに対し、カタリバをはじめとするファシリテーターは、全部その生徒の意見を一度受け止めて、「うん、そう思うんだ」「具体的にはどういう感じで、どういうときにそういうことを思うの?」「自分だったらどんなルールにする?」というように、生徒の思いを引き出して、受け止めるということをしっかりしていました。

そのコミュニケーションの取り方を見て、教員なら先回りしてしまうところを、児童生徒の意見をしっかり受けとめた上で生徒たちに考えさせるというところは教員としてすごく勉強になったという話をしていました。

（第二回インタビュー）

校則見直しや、それを通じた学校マネジメント変革を持続的な体制で行おうとするとき、このような対話を促進できるファシリテーションを、どのように各学校で実現し、必要な場合にはナナメの人間関係となる外部人材の協力を得て、校則見直しのプロセスや学校運営に位置づけるかが、マネジメント職のリーダーシップとして重要になると考えられる。

プロジェクト進行におけるリーダーシップ

校則見直しを各学校でゼロベースで進めることは、大変な負担を伴うことになる。安田女子中学高等学校でも、前例のない、はじめての取り組みとなった。だからこそ、カタリバと安田校長補佐はじめ学校側との話し合いで、プランニングやスケジュール、見直す校則の数などが調整されている。

ルールメイキングは初めてでしたので、カタリバに大枠のプランニングを書いてもらって、それが本校であればどのタイミングでできるかを、調整しました。

例えば見直したいと思うルールが数多くある中で、初年度にいくつのルールを見直すのかというのを、プロジェクトに携わる生徒数やスケジュールなどから勘案して、三つが最大ではないかということを一緒に考えました。

このようにバックヤードでカタリバ側と調整する役割や、各ステップでの狙いやスケジュールをずらさずに実現させていく役割を担いました。

生徒会顧問の先生を中心として、関わった先生方には生徒とのコミュニケーションを中心に担っていただきました。先生方は生徒の特性を見極めた声掛けが絶妙で、うまくいかない場面では生徒はだいぶ励まされたようです。

（第二回インタビュー）

このように校則見直しのプロセスをあらかじめ学校のスケジュールに落とし込む準備段階や、各ステップにおいてカタリバをはじめとする外部ファシリテーターや教員との調整を校長補佐が担当した点が、マネジメント職のリーダーシップとして重要ととらえられる。

安田女子中学高等学校での校則見直しのステップは、他校の事例もふまえ、古田（二〇二二b：一二一―一二〇）において「校則見直しのプログラム例」として示されている。

学校の負担を低減しながら校則見直しをマネジメントサイクルに位置づけていくことが、活動の持続可能性を考えたときには必要となる。

もちろん標準的なステップが、そのまま各学校の状況に適合するわけではない。だからこそ、マネジメント職が、自校の状況に照らし合わせどのように「ステップ化」するか、教員やＰＴＡ、可能であれば外部ファシリテーターとも合意形成をすすめることが重要となる。

また、校則見直しのスケジュールやその進行については、校長補佐から教員にも校内の連絡システムを通じて随時共有されていった。これにより、校則見直しが一部の教員と生徒によるプロジェクトではなく、教員集団も必要な場面で関わる学校全体のプロジェクトとして教員に意識されやすくなる。

教員集団の校則への意見の「見える化」

校則見直しのステップのうち、安田女子中学高等学校では二〇一九年一二月に教員アンケートという形で、現在の校則について個々の教員がどのように課題認識をしているかを確認した。その結果、教員それぞれに気になる校則があるということが明らかになった。例えば制カバンを机のどちらにかけるかといった細かいルールに対する意見やスマートフォンの持ち込みの可否など、教員の視点からの校則への意見が把握された。

このような教員の意見の「見える化」に際して、教員による会議ではなく、アンケートから開始したことについて、会議からはじめるとベテラン教員や意見を強く言う一部の教員に左右されてしまう面もあり、「アンケートという形であれば、全教員の意見として並列に見ることができる」ことの利点が意識されている（第二回インタビュー）。

アンケートののち二〇二〇年二月に全教員によるルールメイキング・ワークショップが開催され、教員にも「校則は時代とともに見直しをしていくもの。うまくいかなければスタートラインに戻ってもいい」という意識を共有していき、生徒会との活動が開始されることとなる。

校則見直しの立ち上げは、トップダウン型で行われるケースが多いと思われるが、その際にアンケートやワークショップを通じて、教員集団にも意識を共有していくことは、マネジメント職のリーダーシップとして重要といえる。

「皆が幸せになるルールをつくる」ためのプロジェクト方式

生徒レベルでの校則見直しのマネジメントを考える際に、プロジェクト方式での校則見直しという特徴を、挙げることができる。

校則の見直しは、本来的には生徒会が担うと捉えられる。一方で生徒会は文化祭や体育祭等の年間スケジュールでの定例行事をいくつも抱える組織でもある(第二回インタビュー)。生徒会が直接実施するのではなく、生徒会の一部門として(委員会組織のように)ルールメイキングプロジェクトを立ち上げ、プロジェクトに参加する中高生が中心となり、候補となる校則の絞り込み、生徒や保護者へのアンケート、プレゼンテーション等を実施していくことは、生徒会に参加する生徒への負担集中を避けることができる。

またルールメイキングプロジェクトに参加する生徒を公募することで、意欲的な生徒の参画にもつながり、生徒会のやらされ仕事となって活動が停滞することも避けることができる。

この手法は、校則見直しに限らず、他の学校運営の改革に際しても有効と考えられる。たとえば部活動地域移行により、部活動数が限られている学校で、学校予算を使いながら外部指導者を招聘して、自分たちが取り組んでみたい放課後活動のワークショップ等を開催してもらう等の「アクティビティメイキング」も、日本の学校で取り組まれるようになるかもしれない。

生徒数が一定規模以上の学校であれば、生徒会の中に「ルールメイキング」「アクティビティメイキング」のプロジェクトを立ち上げて生徒が主体的に取り組む可能性も、安田女子中学高等学校でのプロジェクト方式の校則見直しからは示唆される。

5　包摂的な校則見直し――「内側の公共圏」「外側の公共圏」での意見尊重

冒頭に、安田女子中学高等学校での校則見直しは、対話やコミュニケーションを重視し、「皆が幸せになるルールをつくる」、包摂的な校則見直しのプロセスの実現であったととらえられることを述べた。

その特徴は、(1)生徒によるステークホルダーの意見尊重、(2)教員による「新たな専門性」の発揮、という二点に見出せる。

生徒によるステークホルダーの意見尊重

ルールメイキングプロジェクトに参加した生徒は、生徒の意見表明だけでなく、生徒によるステークホルダーの意見尊重にも、重点を置いている。

生徒によるステークホルダーの意見尊重は、生徒自身が意見表明し、尊重された経験を通じて育まれた意識やスキルである。「大人と対話し自分たちの意見や提案が受け止められるという経験」を通じて参画への効力感を育んだことや、「対話の価値を実感し、また多様な立場の意見に関する理解が深まった」経験の重要性が指摘されている(古田　二〇二二a：一〇五―一〇六)。

外部ファシリテーターの関与が「学校外の大人と意見交換できる機会が生徒の成長にも寄与していたようにも感じられる」との効果が注目されている（安田　二〇二二：八三）。

学校以外の人にも見てもらっているという点も、私は大きいと感じています。生徒たちの提案を壁打ち（聴いてもらって生徒が考えを整理すること）をしていただいたり行きづまったときにアドバイスをいただいたり、自分たちの取り組みを見てくれ応援してくれている人がいるという意識が生徒にはとても大きかったと思います。

今の中高生は表現力もある生徒が多いので、外の方との関わりがより考え方だとか説明する力を伸ばすことになりますね。

（第二回インタビュー）

「皆が幸せになるルールをつくる」という校則見直しのビジョンを、生徒による校則見直しのプロセスで具体化していく際に、生徒の意見表明／生徒による意見尊重、の二つのポイントが置かれていることにより、「内側の公共圏」における少数意見の排除をなくし、保護者に代表される「外側の公共圏」のステークホルダーとのコミュニケーションも生成される。

安田女子中学高等学校の校則見直しでは、ルールメイキングプロジェクトによる生徒アンケート、保護者へのアンケートが実施されているが、「皆が幸せになるルールをつくる」というビジョンのもとで、「アンケートの多数決で単純に決めるのではなく、（プロジェクトの生徒が）

少数意見にも目を向ける、皆が幸せになるといったときには少数意見の不安なども解決しないといけないので」(第二回インタビュー)と、生徒が生徒や保護者アンケートの少数意見も尊重する努力を重ねながら、校則見直しの提案を考えて行ったことが安田校長補佐によっても述べられている。

また保護者アンケートを生徒が主体となって実施したことや、警察の少年育成官に学校外の立ち寄りのリスクを確認するなどの、学校の「外側の公共圏」にいるステークホルダーとのコミュニケーションへの積極性が発揮されていた。

警察の少年育成官へのインタビューについては、学校の講演会等での協力関係を活用し、生徒たちがインタビューを実施している(第二回インタビュー)。

「皆が幸せになるルールをつくる」ためには、生徒のリスクを心配する保護者や教員の不安にも寄り添う必要がある。また校則で立ち寄りが禁止されているカラオケやゲームセンターが本当に危険な場所なのか、どのような危険が懸念されるのか、については、地域安全の専門家である警察の情報を集めることも実証的なアプローチである。

このように生徒が「外側の公共圏」のステークホルダーの意見を把握しようとするとき、生徒が校則見直しの主体として「分散型リーダーシップ」を発揮している状況をつくり出している点が、安田女子中学高等学校の校則見直しのマネジメントとして、優れた点といえるであろう。

生徒のリーダーシップの発揮に際して、生徒が生徒同士、教員、外部ファシリテーターに表明した意見を尊重される経験の重要性は、教育学の継続的な検証となるテーマでもあろう。

校則見直しにおける教員の「専門性」

生徒の参画による校則見直しを、学校教育活動として機能させるには、教員の「専門性」の発揮が重要である。

安田校長補佐の教員への信頼を基盤として、校長補佐からルールメイキングに関わった生徒会顧問や生徒支援部の教員を中心に「見守ること」「まず、生徒にやらせてみる」といった基本的な方針が共有されていった(第二回インタビュー)。

また中心的な役割の教員には「生徒の議論が各論に入ってしまって全体が見えなくなるなど、バランスが悪くなった際にアドバイスする」などの役割もある(第一回インタビュー)。

教員集団全体に対しても連絡システムを通じ、ルールメイキングプロジェクトの進捗状況が共有され、「見える化」の工夫がされていたことも、中心的な役割を担う教員の活動を支える上で重要である。

また一一月に生徒からの校則見直しの提案が学校側に提出された後に、教員間で三回の意見交換を行い、学校側の修正案を示すプロセスがあった(第一回インタビュー、安田　二〇二二：七四)。

この際に「校則として記載する上で生徒の提案は細かすぎる部分があったこと、運用していく上で教員に負荷が大きくかかる部分があったので見直しの本旨を維持しつつ文言と運用についてシンプルにした」修正案であった点に（安田　二〇二二：七四）、教員の「専門性」を確認することができる。

校則見直しにおいて、教員は厳しい生徒指導ができなくなるという意味で権威や権限がゆらぎやすい存在であると考えられがちである。

しかし「皆が幸せになるルールをつくる」というビジョンを教員も共有することで、生徒の提案を活かし、教員や保護者にも理解しやすく、教員に負担がかかりすぎず生徒に指導的に関わることができるような修正案が、教員側から提示された。

校則を運用する立場から、校則案のシンプル化を示すという「専門性」を発揮している点が注目される。

こうした教員の「専門性」の発揮には、ここまで述べてきたように、教員の校則への意識の「見える化」、校則見直しのスケジュール管理や、それを安田校長補佐が全ての教員に共有するなど、マネジメント職としての校長補佐のプロジェクト進行に関するリーダーシップが作用しているととらえられる。

教員と生徒で構成される「内側の公共圏」において、校則見直しを行っていく際に、緊張関係の発生もあり得る。

しかし安田女子中学高等学校では、教員が生徒に対する観察力やコミュニケーション能力だけでなく、校則の運用者として、校則案のシンプル化を提案するという「専門性」を生徒や保護者に対して発揮している。

マネジメント職や生徒と協働的な関係の中で、教員が発揮する新たな「専門性」はこれにとどまらないと考えられるが、重要なのは、教員と生徒との対話、そして意見尊重を前提としたときに、校則の運用者として、よりよいルールやその運用に関し教員の専門職としての知見や積極性が発揮されるステップを、校則見直しのプロセスを通じてつくり出すことにあるといえる。

6　生徒の成長、学校の成長を支える校則見直し

校則見直しが生徒にもたらした変化については「ルールメイキングすごい!!」と思い、翌年の校則見直しに参画した生徒の言葉に端的に表れているだろう(安田女子中学高等学校ルールメイキング情報発信ゼミ　二〇二二)。

安田女子中学高等学校の校則見直しを、マネジメント職のリーダーシップに焦点をあてて分析することが本章の主眼であった。

前向きなビジョンの共有、外部ファシリテーターとのスケジュールやステップの調整・明確化、対話や、生徒による意見尊重という「規範的で適正な行動の提示」「双方向的なコミュニケーション」の重視など、倫理的リーダーシップの諸要素をそこに見出して、理論的に結論づけることも可能である(Brown et al. 2005: 120)。

しかし本章ではその選択は取らない。

安田女子中学高等学校における包摂的な校則見直し、そのマネジメントが、私立学校の枠を超えて、校則見直しやそれを通じた学校運営の変革に取り組むマネジメント職に一般化されていくべき知見を導出する作業に取り組む。

なぜ校則見直しをするのか？――生徒の成長、学校の成長

本章での分析を通じて、「なぜ校則見直しをするのか？」というマネジメント職の目標設定が重要であると考えられる。

生徒が中心となり、生徒の成長につなげる、どの学校の校則見直しでも、この点はマネジメント職が意識する目標のはずである。

それとともに、校則見直しを通じて、教員と生徒によって構成される「内側の公共圏」で対話や理解を促進し、生徒も教員も、相互の信頼、意見表明・意見尊重という協働的な関係を実現していったプロセスは、学校の成長でもあり、これを目標としてマネジメント職が意識できるかが、校則見直しの学校全体へのインパクトを左右するだろう。

公立学校の場合には、「なぜ校則見直しをするのか」という目的については、教育委員会から与えられるものである場合が大半だろう。実際、校則見直しの先進自治体として知られる熊本市教育委員会では、市の教育振興基本計画にもとづき「自分たちの決まりは、自分たちで作って、自分たちで守るという民主主義の基本を身に付けながら、自ら判断し行動できる児童生徒を育成することを目的とし、校則・生徒指導のあり方の見直しに取り組みます」（熊本市教育

委員会　二〇二二：一)と、目的がトップダウンで示されている。
しかし、その目的を各学校の特色に照らし合わせ、改めてマネジメント職が自分自身の目標として設定を行い、教員集団や中心的な役割を持つ生徒集団とも共有していくことによって、校則見直しを通じ、生徒と学校の成長が促進される基盤となる。

包摂的なビジョン設定の重要性――「皆が幸せになる」

学校の「内側の公共圏」「外側の公共圏」にいる多くのステークホルダーの意見を尊重する包摂的な校則見直しは、包摂的なビジョン設定によって実現される。

キーワードは「皆が幸せになる」あるいは「みんなを幸せにする」という、ステークホルダー全体のウェルビーイングである。リーダーシップ論の視点からは、優れたリーダーとは「学校を通じた幸福(ウェルビーイング)」を実現する存在であるというモチーフは、教育長からも経営論の視点から示されている(遠藤　二〇二二、本橋　二〇二一)。

安田女子中学高等学校の場合には、生徒と教員との話し合いによって「皆が幸せになるルールをつくる」というビジョンが設定されているが、それを支えたのはマネジメント職の生徒・教員への信頼である。

「皆が幸せになる」という包摂的なビジョンを、それぞれの学校のそれぞれの言葉で設定し、共有していくことが校則見直しを通じた生徒の成長や、「学校を通じた幸福(ウェルビーイング)の実現」においては必要になるが、マネジメント職自身が生徒や教員をはじめとする学校のステークホルダーを信頼する人間性（ヒューマニティー）を持っていることが、そのビジョンの真正性を支える要素であるといえる。

意見表明と意見尊重の質量を豊かにする――ナナメの人間関係をどのように確保するか?

安田女子中学高等学校の校則見直しのマネジメントにおいては、外部ファシリテーターが生徒、教員の対話や理解を促進する役割を果たしたことが重要である。ルールメイキングを継続していく上での課題として、安田校長補佐が経済産業省実証事業の終了後でも「ぜひ緩やかな外部連携を継続してできる体制を作っておきたい」ということをあげている（安田　二〇二二）。

これは学校設置形態を超えて、共通する課題だと考えられる。

生徒と教員による「内側の公共圏」はタテの人間関係によって、秩序維持されてきた。ここに、学校に利害関係を持たず、対話をひろげ、生徒の意見表明や意見尊重の質量を拡大するナナメの人間関係をどのように確保し、継続するのか、各学校の工夫が問われる。

校則見直しを経験した生徒たちが卒業後も、アドバイザーとして関わる仕組みや、学校運営協議会に関わる地域住民等からのファシリテーター育成など、いくつかの選択肢が考えられる。

また地域の法曹家等が、日常的に教員や生徒と協働する仕組みを弁護士会等の協力を得て、自治体単位で構築しておくことも可能であろう。

学校づくりの当事者・パートナーとしての生徒

本章での分析を通じて、校則見直しを通じて、学校が民主主義の実践の場としての機能を向上させていくことができたかどうかのクライテリア(評価基準)の一つは、マネジメント職が、学校づくりの当事者・パートナーとして、生徒を位置づけるという、生徒観の転換と学校の変化を実現することができたかどうかではないかと判断される。

生徒は「できる」存在、である。「生徒が主体となって校則の形を検討し、多様なステークホルダーと合意形成をしていく方法がつくられたことこそ実は大きな意味のある変化であった」と校長補佐は振り返っている(安田　二〇二二：七八)。

学年単位やクラス内、部活などでも「ルールメイキングやってみよう」という場面が、生徒にも広がり、教員からも提案されることもあるという(第二回インタビュー)。

このように、日常の様々な場面で生徒が意見表明、そして意見尊重に取り組む学校においては、生徒は学校づくりの当事者でありパートナーである。

学校という「内側の公共圏」において、学校づくりのパートナーとして、意見表明・意見尊重を通じて意思決定に参画してきた生徒たちは、学校の「外側の公共圏」である大きな社会においても、また民主主義の当事者として成長しつづけることが期待される。

こうした生徒の成長、社会の成長を、学校から実現する際に、生徒を統制の対象とみなす管理職ではなく、生徒を学校づくりのパートナーとしてともに活動を続けるマネジメント職こそが、求められる存在なのである。

文献

Brown, M., Treviño, L., & Harrison, D., 2005, "Ethical leadership: A social learning perspective for construct development and testing", *Organizational Behavior and Human Decision Processes*, 97(2).

遠藤洋路、二〇二二『みんなの「今」を幸せにする学校――不確かな時代に確かな学びの場をつくる』時事通信出版局。

古田雄一、二〇二二a「生徒参加による対話的な校則見直しの市民性教育効果と課題――安田女子中学高等学校「ルールメイキングプロジェクト」の事例から」大阪国際大学『国際研究論叢』三五(三)(http://id.nii.ac.jp/1197/00001134/)二〇二二年九月二六日最終確認。

古田雄一、二〇二二b「ルールメイキングの活動の進め方とポイント」苫野一徳監修・古田雄一・認定ＮＰＯ法人カタリバ編著『校則が変わる、生徒が変わる、学校が変わる――みんなのルールメイキングプロジェクト』学事出版。

熊本市教育委員会、二〇二一「校則・生徒指導のあり方の見直しに関するガイドライン(令和3年(２０２１年)３月)」。

みんなのルールメイキング、二〇二二「「生徒と校則をつくる〝ルールメイキング〟、やってみてどうだった？」先生たちに聞きました～みんなのルールメイキング活動レポート vol. 3～」(二〇二二年二月)」(https://note.com/rulemaking/n/n8b7c7d73c1d2)二〇二二年九月二六日最終確認。

文部科学省、二〇二二「生徒指導提要(案)」(https://www.mext.go.jp/content/20220829-mext_jidou02-000024699_001.pdf)二〇二二年九月二六日最終確認。

本橋潤子、二〇二二「上司の倫理的リーダーシップと仕事の意味深さ――個人の視点からの実証と考察」『日本経営倫理学会誌』二八(https://doi.org/10.20664/jabes.28.0_65)二〇二二年九月二六日最終確認。

ＮＨＫ、二〇二一「その校則、必要ですか？　密着！改革の最前線」クローズアップ現代、二〇二一年九月九日(https://www.nhk.or.jp/gendai/articles/4581/)二〇二二年九月二六日最終確認。

認定特定非営利活動法人カタリバ　ルールメイカー育成プロジェクト、二〇二二「みんなのルールメイキング宣言」

（https://rulemaking.jp/wp/wp-content/uploads/2022/06/pdf-sengen.pdf）二〇二二年九月二六日最終確認。

末冨芳、二〇二二「こども基本法・こども家庭庁体制のもとでのこれからの生徒指導――子どもの権利に取り組むメリットと取り組まないリスク」『月刊生徒指導』五二（一〇）。

苫野一徳監修・古田雄一・認定ＮＰＯ法人カタリバ編著、二〇二二『校則が変わる、生徒が変わる、学校が変わる――みんなのルールメイキングプロジェクト』学事出版。

安田女子中学高等学校ルールメイキング情報発信ゼミ、二〇二一「【受け手から送り手へ】きっかけは生徒主体のルールメイキング」（https://note.com/yasuda_hs/n/n10402e677e4a）二〇二二年九月二六日最終確認。

山本晃史、二〇二二「はじめに」苫野一徳監修・古田雄一・認定ＮＰＯ法人カタリバ編著『校則が変わる、生徒が変わる、学校が変わる――みんなのルールメイキングプロジェクト』学事出版。

安田馨、二〇二二「安田女子中学高等学校」苫野一徳監修・古田雄一・認定ＮＰＯ法人カタリバ編著『校則が変わる、生徒が変わる、学校が変わる――みんなのルールメイキングプロジェクト』学事出版。

第Ⅱ部

社会と校則

第5章　制服・指定品類の経済的負担と子どもの権利

福嶋尚子

1　校則を遵守するための経済的負担

校則を遵守するには、子どもの行動負担のみならず、教職員の指導負担、保護者の経済的負担(私費負担ともいう)を伴う。本章では特に就学指定に基づいて入学する公立小中学校における制服・指定品などの服装に関する校則に着目し、これらを遵守するために必要な保護者の経済的負担の観点からその問題点を論じていく。なお、その際に、制服類により保障されうる、もしくは制約されうる子どもの権利についても論じる必要がある。保護者の経済的負担は、子どもの学習権及び成長発達権を保障するためにこそ、存在していると考えられるからである。(1)

なお、ここで「制服」とは、学校が主に登下校・式典時に着用を(半ば)義務付けている服装のうち、ジャケット、スラックス、スカートなどを指す。購入費の他、クリーニング代も必要となることが多い。また「指定品」としては、前述の制服のほか、学校が子どもに着用を(半ば）義務付けている衣服などがある。第一に、制服に合わせて着用するシャツ、靴下、ベルト、セーター、防寒具などである。第二に、制服から着替えて着用する体操着、ジャージなどである（本来は水着や柔道着、給食着などの教育活動の場面によって着用を求められるものもあるが、今回はこれらには触れない）。第三に、通学バッグ、通学靴・上靴などの靴類、校章、名札、帽子などの服以外の身につける物品である。

この他に、身だしなみに関わる校則には髪型規則もあり、これを遵守するには散髪のための経済的負担もかかるが、ここでは触れる紙幅がない。ただ一点、前髪や襟足の長さや黒色の維持などの細かい髪型規則がある場合、人によっては二〜三週に一度の散髪・染色代が必要となり、また高頻度で染色を繰り返した場合髪や頭皮への負担が相当重いことは指摘しておきたい。

制服・指定品類の経済的負担の一例と構造

制服類を購入するのに、一体いくらがかかるのか。まず、ある同一自治体内に存在する公立の二つの中学校を例として、制服類を見ていく（柳澤・福嶋　二〇一九）。

ブレザーやスラックスもしくはスカート、ワイシャツもしくはブラウスなどの通学に必要な制服類の購入費用として、例えばA中学校では男子は五〇、八八二円、女子は六〇、九一七円がかかる（夏冬、全て一着ずつ購入の場合）。同じ市内のB中学校の場合、男子は五〇、三四一円、女子は四八、二二六円である（同）。同じ自治体にもかかわらず、女子は一〇、〇〇〇円以上の差があることがわかる。また、これは一着ずつ購入の場合で、ワイシャツやブラウス、ポロシャツなどは当然洗い替え用に複数枚購入が前提となる。

加えて、靴下や肌着・下着、ベルトやコートなどの防寒具などは、学校指定のものがなくても、色指定や型指定が行われていることがある。小学校ではジャンパーやダウンジャケットを着ていても、中学校でPコートやダッフルコートの指定がされれば新たに買い足す必要があり、しかもその金額は決して安くはない。さらに、上靴・体育館シューズ・通学靴などの靴類、通学バッグ・サブバッグなどのカバン類、加えて、制服よりも体操着やジャージで過ごす時間が長い学校もある。これらの制服以外の学校指定品が、A中学校では二九、六七〇円、B中学校では三一、一五〇円かかる（一つずつ購入した場合）。

制服類、そしてその他の学校指定品を各々合計すると、A中学校男子は八〇、五五二円、女子は九〇、五八七円、B中学校は男子が八一、四九一円、女子は七九、三七六円となる。

制服類の経済的負担の全国的傾向

当然、この二校の事例は制服類の経済的負担の一例にすぎず、そのまま一般化できない。文部科学省の「子供の学習費調査」で制服の費用も調査されているが、これらは「通学関係費」に含まれている。最新の平成三〇年度の公立中学校における通学関係費は三七、六六六円で、これには通学のために必要な制服の他、自転車や公共交通機関の運賃なども含まれ、一見安く見える。しかしこれは中学一年生から三年生までの平均値である。三年間にかかる費用を算出するために三七、六六六円を三倍すると、およそ一一万円となる。制服代の支出の多くは入学時に偏っていることが推察されるので、徒歩で交通費が発生しない場合は、入学当初におよそ一一万円の支出が必要になっていると言える。しかも、制服は地元の洋品店などで保護者が直接購入することが多く、学校の教職員の手元をお金が通過しない。そのため、教職員にとっては見えにくい保護者の経済的負担(すなわち「隠れ教育費」)となっている。

具体的に、統計局「小売物価統計調査(構造編)」の結果に基づき、その地域格差と価格の上昇について見てみよう。公立中学校の男子用学生服すなわち詰襟上下(一部はブレザー・背広型)の二〇〇〇年と二〇二〇年の都市別価格(県庁所在地を対象に調査)を高額な順に一覧にしたのが表5-1である。これによれば、二〇〇〇年の最高値は札幌市の三六、五九〇円、最安値は那覇市の一八、九四〇円、全国平均は二八、四八二円だった。しかし、二〇二〇年には最高値は富山市の四八、四九四円と五万円に迫り、最安値の広島市でも二三、四七〇円と二万円を超えた。平均は三四、七一一円で、二〇年前よりも六千円以上値上がりしている。気温の低い地域で生地が厚くなることから値段が割高な傾向はあるが、比較的温暖な静岡市や徳島市でも四万円を超えており、一概に気温と制服価格が連動しているわけでもない。

こうした男子学生服の傾向は、公立中学校の女子学生服、すなわちセーラー型とプリーツスカートの組み合わせ(一部、ジャンパースカートやブレザー型)でも同傾向だ【表5-2】。二〇二〇年の最高値は青森市で四七、四一〇円、最安値は那覇市で一六、一九〇円、平均は三三、一七九円と、男子のそれをやや下回っている。

以上のとおり、制服価格は全国的に見てここ二〇年でも上昇傾向にあり、現状は詰襟上下二

表 5-2　公立中学校の女子学生服の2000年と2020年の都市別価格(降順)

女子学生服			
2000 年		2020 年	
青森	37,140	青森市	47,410
熊本	34,440	秋田市	44,770
仙台	34,310	熊本市	43,600
水戸	33,710	水戸市	42,533
宇都宮	33,710	宇都宮市	40,309
横浜	33,180	徳島市	40,115
新潟	32,820	富山市	39,153
札幌	32,660	仙台市	38,689
秋田	32,410	静岡市	38,423
富山	32,380	新潟市	38,214
津	32,240	岐阜市	38,029
東京都区部	32,140	山形市	37,938
名古屋	30,940	福岡市	37,808
山形	30,800	大分市	37,628
奈良	30,760	名古屋市	36,057
金沢	30,100	さいたま市	36,025
大阪	29,070	高知市	35,493
盛岡	28,790	山口市	35,473
高知	28,710	金沢市	35,420
甲府	28,680	松江市	34,877
広島	28,160	鳥取市	34,813
岐阜	28,140	札幌市	33,824
福岡	28,140	前橋市	33,110
松江	28,000	盛岡市	32,796
徳島	27,790	大阪市	32,571
千葉	27,680	甲府市	32,423
静岡	27,340	奈良市	32,413
鳥取	27,130	高松市	31,680
鹿児島	27,090	千葉市	31,350
大津	26,630	横浜市	31,154
浦和	26,530	東京都区部	31,145
前橋	25,730	松山市	30,967
山口	25,690	津市	30,218
神戸	25,370	鹿児島市	30,123
大分	24,940	福井市	29,533
佐賀	24,760	和歌山市	29,359
和歌山	24,570	長崎市	29,077
京都	23,920	福島市	28,600
松山	23,890	京都市	28,110
高松	23,700	大津市	26,620
福井	23,570	神戸市	26,546
岡山	23,470	長野市	26,098
長野	21,530	広島市	26,020
福島	20,910	岡山市	25,250
宮崎	18,690	宮崎市	22,177
長崎	17,590	佐賀市	19,163
那覇	12,360	那覇市	16,290
全国平均	27,709	全国平均	33,179

表 5-1　公立中学校の男子学生服の2000年と2020年の都市別価格(降順)

男子学生服			
2000 年		2020 年	
札幌	36,590	富山市	48,494
富山	37,940	秋田市	48,290
山形	37,700	青森市	46,603
金沢	37,490	熊本市	43,817
秋田	37,380	福島市	43,227
熊本	35,600	宇都宮市	43,004
和歌山	35,180	静岡市	42,514
福島	34,510	札幌市	42,113
宇都宮	34,320	水戸市	41,213
浦和	34,230	徳島市	40,880
青森	33,630	岐阜市	38,342
長野	32,940	新潟市	38,170
横浜	31,920	さいたま市	38,148
東京都区部	31,470	長崎市	38,060
岐阜	30,460	福岡市	37,808
盛岡	30,210	山口市	37,570
仙台	30,110	山形市	36,422
名古屋	29,770	金沢市	36,410
新潟	29,350	盛岡市	36,195
徳島	28,700	名古屋市	35,278
大阪	28,300	佐賀市	34,983
津	28,250	仙台市	34,943
水戸	27,970	鳥取市	34,467
奈良	27,760	千葉市	34,327
千葉	27,620	高知市	34,186
甲府	27,300	前橋市	34,137
静岡	27,070	横浜市	33,808
大津	27,030	松江市	33,580
松江	26,720	東京都区部	33,443
前橋	26,250	大分市	32,339
大分	26,080	甲府市	32,163
高松	25,530	津市	32,103
松山	25,240	長野市	32,028
鳥取	25,230	奈良市	31,567
岡山	25,170	岡山市	30,626
山口	24,950	高松市	30,562
鹿児島	24,680	大津市	30,090
京都	24,010	京都市	28,188
佐賀	23,870	神戸市	27,267
神戸	23,660	大阪市	27,122
長崎	23,010	鹿児島市	27,000
広島	21,920	松山市	26,763
高知	21,900	宮崎市	26,023
福岡	20,840	那覇市	25,847
福井	20,800	和歌山市	24,310
宮崎	19,040	福井市	23,533
那覇	18,940	広島市	23,470
全国平均	28,482	全国平均	34,711

※都市名の表記は2000年，2020年の各報告書の記載に従う．

点だけで三万円を超えている。また、地域差だけではなく学校差もある。制服などの経済的負担は、ここ二〇年だけを見ても非常に重くなっているといえる。

２　なぜ制服などの経済的負担を問題にするのか

制服などの経済的負担が重くなっていることがなぜ問題なのか。第一には、その経済的負担が経済的に苦しい家庭、いわゆる「子どもの貧困」家庭に重くのしかかり、その子どもの教育を受ける権利を侵害するものとなっているためだ。経済的に厳しい家庭では、食費などを削って子どもの制服・学用品類を揃えようとする。制服がないと子どもが学校に通えず、同じ持ち物を持っていないと授業を受けられないと保護者自身が思っているからだ。しかし、食事を満足に食べられなくても子どもの体はある程度成長し、入学時に買った制服や靴が一年ほどで使えなくなることもある。子どもによっては、新しい靴を「買って」と保護者にねだることができず、足に合わない靴を履き続けたり、かかとを踏みつぶしたりする。

もう一点、高額な制服類があらゆる子どもたちを対象にその権利を制約する可能性があるからである。現在、制服類の校則によって子どもたちは頭のてっぺんから足の先までをトータルコーディネートされており、さらにそれは通学・教室での授業・体育や実習の授業・式典などの場面ごとに細かく、子どもは着用の義務がある、とされる。しかし、制服着用の一律強制については以下で述べる通り、近年は様々な観点から問題点が指摘されており、貧困家庭以外の子であっても、制服類がむしろ有害に感じられることもある。

- 子どもの自己決定権（自己の表現をコントロールする権利）に抵触する。
- 場面や季節ごとのトータルコーディネートが強制されることで、子ども自身が気温や状況を考慮して体温調節しつつ、場面に応じて身だしなみを整える力を育てにくい。
- 衛生的な観点を重視すると、割高な指定品の複数枚購入（洗い替え用）や洗濯負担が生じる。複数枚買えないと、何日も同じシャツや靴下を着用し、また生乾きのまま登校せざるを得ない。
- 感覚過敏、アトピー性皮膚炎のある子にとっては、肌に直接触れる面積が多い分、苦痛が大きい。
- 性自認、宗教的・民族的なアイデンティティーとの齟齬が生じる場合がある。
- 不登校の子どもにおいては、制服などへの抵抗感が強く、袖を通すことも難しい場合がある。
- 制服姿の際に痴漢被害に遭いやすいなど、制服姿を性的に消費される危険性がある。
- 育ち盛りなので、成長発達によりサイズアウトしやすく、ものによっては高額にもかかわらず頻繁な買い替えが必要となる。さもなくば、体に合わない衣服を着る羞恥と苦痛が生じる。
- 靴下や肌着の色や型が指定と異なるだけでも、指導対象となり、学校に通いにくくなる。

このように、場面ごとのトータルコーディネートとしての制服の一律強制は、特殊な少数の子どもだけの「困った」「いやだ」「無理」という問題だけではない。制服が着たい、制服が楽だ、制服でも困らないという、一般的な多くの子どもも、いつ「困った」となってもおかしくない問題といえる。時には季節はずれに気温が高い日も分厚いブレザーを着なくてはならないこともある。小さくなってきた上履きのかかとを踏んでいたら、教員から指導されることもある。校則を守るために「不快」を飲み込み、健康な発達が阻害されることもあるのが現状だ。

こうした、時に「不快」で健康な発達を阻害し、子どもの権利を制約しうるものに対して、ことさらに重い経済的負担がかかっていることに、人によっては大いに矛盾を感じるだろう。制服着用の一律強制は学校への帰属意識の高揚、いじめの防止、家庭の経済的格差を隠すことができるなどの意義が主張される中で、全国的に現に存在している。しかし他方で、いくつもの問題点が指摘され、子どもにとっての不利益、悩み、困りごとを生んでいる。しかも、この現象は、家庭による重い経済的負担及び都度の購入行動と、教職員による負担の重く気も重い制服指導によって支えられ、逆に高額であるからこそ「不快」を飲み込むことを強いている側面もある。反対に、保護者や教職員にとっては便利で割安と感じられても、子どもの観点からすると我慢を強いられているかもしれない。そのため制服・指定品類の経済的負担は問題であり、これを子どもの権利の視点からも見直していくことが必要なのである。

3　制服類の経済的側面をめぐるいくつかの言説の検討

制服購入義務論

「保護者には就学義務があるのだから、それを背景として制服の購入義務が保護者にはある」（すなわち制服購入義務論）は、教職員のみならず保護者自身も無自覚に思い込んでいる言説の一つだろう。この言説は一九六四年の義務教育費負担請求事件の最高裁判決（二月二六日大法廷）に端を発し、その後行政が暗黙の前提としてきている。

例えば、一九七四年九月に公表された都道府県教育長協議会第四部会による「学校教育にかかる公費負担の適正化について――公費、私費の負担区分に関する調査結果報告書」は、当時の私費負担の状況と教育委員会の意識調査の結果を踏まえて、子どもの「所有物にかかる経費」、すなわち「学校、家庭のいずれにおいても使用できるものにかかる経費」を私費負担とすると明言した（武田　二〇一七）。この明言は、子どもの個人もちで家庭でも使用できるものは私費負担すべきものである、という言説が初めて公式の教育行政関係者たちのコンセンサスを得たものであるとされる（世取山　二〇一二）。しかしながら、この明言は当時の私費負担の状況を後付けで基準化したにすぎず、法的根拠も皆無で、説得力に欠ける。

この保護者の制服購入義務は、裁判でその有無が問われたことがある。その判決文によれば、制服や指定品は校長の校務掌理権限（学校教育法第三七条四項）の範囲で指定できるとされており、指定すること自体は法的に問題ない。また、その事例においては、保護者に制服購入の義務を学校側が課したとは事実認定がなされなかった（東京高判一九八九年七月一九日）。しかしながら、「この判断は、制服が強制にわたらない限りは、自己決定権の問題が生じないとの判断なのであり、生徒心得による制服規制について法的に一定の歯止めがかけられた」との指摘がある（浅羽　一九九二：一二九）。さらに、制服を着用していない子どもに「制裁的措置をとることは勿論のこと、制裁的措置をほのめかし、強制し、拘束することも裁量権の逸脱である」（浅羽　同）。憲法上の保護を受けるかについて議論の余地のある服装の自由（大島　二〇〇〇）を制約する権限を超えて、学校が保護者に制服購入義務を課し子どもへの制裁を盾に強制的に支出させる権限までを、校長の校務掌理権限から引き出すことは難しいだろう。

制服割安論

「私服の方が高くつくため制服の方が結果的に割安だ」（すなわち制服割安論）というのは、戦後に新制中学で制服指定が普及拡大した際の有力な言説の一つである。

「小売物価統計調査」の中で、東京都区部のみではあるが、戦後の男子学生服と私服にあたる洋服の価格の変遷を比べられるデータがある。それによれば、確かに、中学校での制服指定が九割に拡大したとされる一九六〇年代後半の男子学生服（上下）の価格は四、七四〇円、そして同じ年の男子ズボン（秋冬用、スラックス、毛一〇〇％）は四、三四〇円、男子シャツ（長袖、アクリル混紡メリヤス（アクリル三〇％・綿七〇％））は六二三円（一九六九年）で、学生服の方が私服を数着購入するよりも割安に感じられる。[2] 当時はこの言説が大衆感覚にもあっていたのだろうと思われる。ちなみにこの頃の大人用背広（秋冬用、シングル上下、表地ウーステッド（毛一〇〇％））は一九、七〇〇円と、男子学生服の約四倍の価格だった。

しかし、その後私服は安価になっていき、制服は高額化していく。男子学生服の価格が男子ズボンのおよそ二倍となったのはわずか四年後の一九七三年だ（男子学生服一〇、九〇〇円、男子ズボン五、二二〇円、男子シャツ八二三円）。大人用背広は二九、八〇〇円と、高くなってはいるが男子学生服の約三倍に価格差が縮まっている。二〇〇六年、男子学生服の価格三〇、八六〇円は男子ズボン一〇、七五〇円の約三倍となった。男子シャツは一、一六二円と、複数枚購入が容易な値段となっている。大人用背広は四〇、八四〇円であり、男子学生服の値上がり具合が際立つ。

最新の二〇二一年のデータでは、男子学生服（詰襟上下）は三四、三七〇円で、下にワイシャツ長袖二、九三七円を着ると計三七、三〇七円である。対する男子用ズボン（秋冬物、スラックス）は一一、六七七円、ワイシャツ長袖は二、九三七円、上着の代わりに男児用セーターを着るとすると四、一二七円で計一八、七四一円だ。ちなみに、大人用背広を見ておくと三四、〇六三円で、ついに男子学生服が大人用背広の価格を上回った。一方、女子学生服（冬服）は三二、一九二円と男子学生服とほぼ同程度の価格である。以上はすべて、東京都区部でのデータである。

この価格の変遷からいえることは、第一に、制服が私服に比べて割安だった時代はあったが、現在の学生服は安価な洋服に対して数倍の価格となっているということ。第二に、男子・男児用の服や大人用の背広服は変遷がありつつも、価格が安くなる傾向があるのに対して、男子学生服は値段が上がり続けていることである。

付け加えるなら、制服はジャケットとスラックスだけではなくワイシャツや靴下、ベルト、靴などがあり、これらも日常で身につける私服に比べると割高である。身長が伸びれば買い替えを余儀なくされるが、それに躊躇する値段である。さらに、制服類さえ買えば私服を一切買わなくてよいわけではなく、実際には家庭で過ごす時間や休日用に制服類とは別に私服を購入しているのが通常である。そのため、制服さえあれば就学期間中、私服代が不要になるわけではない。さらに、校章や校名入りの制服類は、卒業後は実質的に使えなくなる。

以上のことから考えると、二〇二〇年代の現在、制服割安論は妥当であるとは言えない。

就学支援制度万能論

「制服類の経済的負担が重いとしても、経済的に厳しい家庭（貧困家庭）には就学援助や教育扶助等の就学支援制度があるので、問題ない」という言説（すなわち就学支援制度万能論）もまたよく見られる。ここでは、子どもたちの七人に一人が利用しているとされる就学援助制度を主として説明するが、その制度上の問題の多くは教育扶助にも共通している。

学校教育法一九条「経済的理由によって、就学困難と認められる学齢児童又は学齢生徒の保護者に対しては、市町村は、必要な援助を与えなければならない。」を根拠として、就学困難な児童及び生徒に係る就学奨励についての国の援助に関する法律、学校給食法などの法律によって就学援助制度が整えられてきた。就学援助制度はかつて、生活保護受給資格のある家庭(要保護)とそれに準ずる程度の貧困家庭(準要保護)に対し、自治体に支給額の二分の一を国庫補助することとしていた。しかし、小泉純一郎政権の下の三位一体改革により、要保護家庭のみを対象とした国庫補助に大幅に削られた。国庫補助対象となる援助費目とその金額を国が要綱で示し(これを国基準と呼ぶ)、各自治体はこの国基準の金額を参考にそれぞれに支給費目・金額を決定しているが、ここで自治体により認定基準や支給額の引き下げなどが行われた。とはいえこの就学援助制度によって多くの貧困家庭の経済的負担が軽減されてきたことは確かである。

しかし、就学援助制度にはまだ多くの不備が見られ、決して万能な制度とはなっていない。

① 支給金額の不足

制服や指定品類の購入に必要な費目は「新入学児童生徒学用品費」などと呼ばれ、小学校入学時の国の令和三年度予算単価(国基準)が五一、〇六〇円、中学校は六〇、〇〇〇円である。[3] 国基準を踏まえて各自治体で支給額を決定するため、実際の支給額は自治体によっては国基準に上積みあるいは下出しして設定される。例えば神奈川県横浜市は新入学学用品費として、小学校入学に際し六三、一〇〇円、中学校入学に際しては七九、五〇〇円を設定しており、国基準よりも大幅に高い。他方で埼玉県川口市では同様に小学校入学に際し四〇、六〇〇円、中学校入学に際しては四七、四〇〇円で、国基準を大幅に下回っている。横浜市と川口市の自治体間格差は大きい。[4]

新入学学用品費の国基準の金額は近年増額されてきてはいるが、それでもなお、制服・指定品を一揃え購入する分にすら足りない。小学校の場合、ランドセルを一つ買えば新入学学用品費を使い果たしてしまうだろう。それ以外にも入学時には体操着、上靴などの購入が必要であるし、年度途中で必要となるスクール水着などの衣服はもちろん、ドリルや絵の具、書写道具などの教材もこの新入学学用品費とこれと別に毎年支給される学用品費（国基準で小学校は一一、六三〇円、中学校は二二、七三〇円）で賄わなければならない。もちろん、衣服や靴の入学後の買い替え費用は支給されない。中学校も同様だが、新入学学用品費は小学校以上に足りない。制服類や体操着、靴などを一揃えするためには八〜九万円が必要だが、それだけで国基準を超えている。このように、まず、支給金額が現実の経済的負担に対して足りていないのである。

② 認定基準の厳しさ

就学援助の認定基準は各自治体が設定しており、それに基づいて各教育委員会が認定する。文部科学省による「令和三年度就学援助実施状況調査[5]」によると、多くの市町村で複数の認定基準を設定している。その中の主な認定基準として「生活保護の基準額に一定の係数を掛けたもの」があり、これを採用している自治体数は一、三二八（七五・二％）に上る。「一定の係数」については自治体間格差が大きい。例えば、生活保護基準の一・一倍以下と回答している自治体は一四八自治体（回答した一、七六五自治体のうち八・四％）である。これは生活保護基準とほぼ同等程度に就学援助基準が設定されているということであり、かなり厳しい認定基準といえる[6]。他方で、生活保護基準の一・四倍を超え、一・五倍以下と回答した自治体は一七三（九・八％）に上り、こうした自治体では認定がされやすくなっているといえる。最も多いのは一・二倍を超え一・三倍以下と回答した七二六自治体(四一・一%)だ。こうした認定基準の自治体間格差は、同程度の収入の家庭だとしても居住している自治体により就学援助認定を受けられるかどうかが変わってくることを示している。少なくとも生活保護認定基準の「一・三倍は守るべき」(川崎二〇二二:三四)という声もある。できるだけ多くの家庭が認定を受けられる水準とすべきだろう。

また、こうした生活保護基準に一定の係数を掛けて就学援助基準を設定している場合、生活保護基準が見直された場合に、それが就学援助基準にも影響することになる。二〇一八年から段階的に実施された生活保護基準の見直しでも、これにより就学援助基準から外れてしまう所得層の家庭があった。こうした家庭に見直し前の基準に基づく再認定や別の基準での認定という対応策をとるかという点でも、自治体の対応が分かれている(「生活保護基準見直しの影響が生じる可能性があるが、対応していない」と回答したのは九五自治体(五・四%))。

認定を受けるためには、家庭による申請が必要だ。就学援助制度は申請主義をとっているからである。しかしながら、学校で毎年度就学援助制度を説明する文書を配付するなどの周知が行われている割合は六五・六%(二〇一七年)と低く(内閣府「子供の貧困対策に関する大綱」二〇一九年一一月二九日)、申請以前に制度自体を知らない家庭も多い。セーブ・ザ・チルドレン・ジャパンが行った調査では、就学援助制度を「聞いたことがない」と回答した大人は二七・六%に上った[7]。知らなければ申請はできず、申請がなければ認定されることはない。また、申請しても認定基準は自治体間格差もあり、認定されるとは限らないのである。

③現金支給のタイミングのずれ

加えて、認定後の現金支給のタイミングが、支出のタイミングに合っていないことがある。特に新入学学用品費についてはこの問題点は深刻だった。つまり、ランドセルや制服類の購入は入学前に行われるが、その時点では就学援助認定を受けられるかが明らかではなく、認定を受けられたとしても、実際の現金支給は入学後のタイミングとなってしまう。家庭としては、入学前に必要なものの購入費を一旦すべて支払い、数か月経ってからその分が（不十分ではあるが）補塡される。経済的に厳しい家庭にとっては、「一旦すべて支払う」ことも重い負担だ。

この現金支給のタイミングのずれの問題が広く認識されたきっかけとなった事件がある。二〇一四年九月二四日、千葉県銚子市の県営住宅で母子家庭の母親による娘の殺害事件が発生した（詳しくは井上・山口・新井編　二〇一六）。娘が小学生の頃から母娘は経済的に厳しく、少ない収入の中から細々と家賃や教育費を捻出していた。そんな家計が火の車になり、サラ金に母親が手を出したきっかけは、娘の中学校入学時の学校指定品購入だったのである。娘が入学し学校に通うには制服その他の学校指定品購入が必要で、母親は様々な制度や福祉からの費用調達に奔走したが、それでも足りず、すぐに返すつもりでサラ金から借金をした。膨らんでいく利子と合わせて借金返済を優先的に行っていったために、家賃その他の支払いが滞った。そしてついに、住宅明け渡しを迫られたその日、一人で死のうと思っていたところで、母親を心配した娘は、いつものように登校せず、家にいた。そのために起こった悲劇だった。新入学学用品費が入学前に支給されていれば、防ぐことができた悲劇だったかもしれない。この事件は、時に高額の制服・指定品や就学援助制度の不備が、家庭をさらなる経済的苦境に追い込んでいることを示唆している。

この事件の影響もあり、現金給付のタイミングのずれの問題点が共通に認識されたことで、各自治体は制度上可能だった中学校の入学前支給の取組を進めてきた。加えて、二〇一七年度以降、「就学予定者」への支給を容易にする制度改正が行われたことで（文部科学省初等中等教育局長「平成二九年度要保護児童生徒援助費補助金について（通知）」二〇一七年三月三一日）、小学校の入学前支給の取組も拡大してきている。先の文部科学省の最新の調査（「令和三年度就学援助制度実施状況調査」、注5）によれば、小学校において入学前支給を行っているのは全自治体のうち一四七七自治体で八三・七％、中学校は一五〇二自治体で八五・一％となっており、多くの自治体で入学前支給が進んだことがわかる。他方で、「入学前支給を行っておらず、現在検討もしていない」と回答した自治体が、小学校で一五〇自治体（八・五％）、中学校で一四三自治体（八・一％）存在している。これらの自治体には、早急に入学前支給の仕組みの検討に取り掛かってほしい。

以上のように、就学援助制度があってもその制度にはまだ不備や自治体間格差もあり、貧困家庭の制服・指定品類の経済的負担を解消するものとはなっていない。

４　制服・指定品類の経済的負担のこれから

制服・指定品類の見直しの視点

制服類の経済的側面について、公正取引委員会が二〇一七年に報告書「公立中学校における制服の取引実態に関する調査について」を公表している。それによれば、制服の販売価格は「販売店が決定」していることが最も多く(三五・三％)、多くの場合販売店の「言い値」で決まっていることがわかる。また、制服メーカーを指定している場合、指定メーカーは一社であることが多く(六八・一％)市場原理は働いていないようだ。さらに、指定販売店などの「定期的な見直しを行っていない」との回答が八三・六％に上り、「定期的な見直しを行っている」と回答した学校でも実際に販売店などが変動した例は少ない。加えて、指定販売店同士で販売価格が同一であるケースは男女ともに過半数を超える(男子五四・八％、女子五五・九％)。

制服の価格については、男女ともに一式三万円〜三万五千円が一番多いが(男子二四・九％、女子三〇・一％)、男子は詰襟の方がブレザー型より、女子はセーラー服の方がブレザー型より価格が安い傾向にある。また、数は少ないが、同一市内で制服の仕様を共通化している自治体、学校が案内する指定販売店などの販売店数が増加した場合、学校が販売価格の決定に関与した場合には、制服の価格が統計的に有意に安かった。こうした実態を踏まえて、公正取引委員会は「制服の取引における公正な競争の確保」のため、以下のような期待を述べている。

○学校においては、制服の取引に関与する際に、制服メーカー間及び販売店間の競争が有効に機能するよう、以下の取組が行われることを期待。

- 制服メーカー及び指定販売店等の選定においては、コンペ等の方法で選定する、参入希望を受け入れるなどにより指定販売店等を増やす等
- 制服の販売価格への関与においては、コンペ等において制服メーカーに求める提示価格を卸売価格にする、コンペにおいて新制服の販売価格を既存の制服の販売価格以下の価格にするよう要望する等⑧

公正取引委員会の提言は、制服メーカーや販売店間の競争が販売価格の抑制につながるという理解に基づいている。確かにその可能性もあるが、子どもや保護者が価格の抑制よりも上質なデザイン性の高いものを希望する可能性もあるし、競争の方向性がそちらに向かわないとも限らない。販売価格設定時においてコンペや市場原理を導入して独占禁止法への合法性を担保するだけでは、必ずしも保護者の経済的負担軽減には結びつかないということだ。また一方で、市場原理に委ねずに、制服の価格の一律引き下げを学校が販売店に求めた場合、「当該行為が独占禁止法違反行為の要件に該当する場合には当該事業者が直接法的責任を問われる」(大矢二〇二一：六四)こともある。つまり、保護者の経済的負担の軽減のために単価を一律に下げようとすれば、独占禁止法への合法性が問題となりうる。

そのため、販売単価の設定の段階ではなく、制服類の指定の前提となる校則見直しの段階で、経済的負担の抑制の視点、そして子どもの権利が満たされる学校における制服の在り方、という視点をもつことが重要となる。

その点、文部科学省は、二〇一八年三月一九日の初等中等教育局財務課長と児童生徒課長連名による通知「学校における通学用服等の学用品等の適正な取扱いについて」で、保護者の経済的負担の軽減の視点を明確に挙げている点が評価できる。

- 学校及び教育委員会は、通学用服等の学用品等の購入について、保護者等の経済的負担が過重なものとならないよう留意すること。
- 学校における通学用服の選定や見直しについては、最終的には校長の権限において適切に判断すべき事柄であるが、その選定や見直しを行う場合は、保護者等学校関係者からの意見を聴取した上で決定することが望ましいこと。[9]

生徒指導提要見直しのための有識者会議に対し、二〇二二年三月七日の会議で意見書として提出された日本共産党校則問題プロジェクトによる校則アンケートの結果（二〇二一年一二月八日）によれば、校則見直しの視点として保護者と教職員が挙げた回答で最も数が多かったのは、「子どもの権利、人権の視点から見直す」であった（保護者八七・五％、教職員九一・五％）[10]。制服や指定品類についても、保護者の経済的負担のみならず子どもの権利を満たしているかどうかという視点から見直していくことが必要である。

制服・指定品類の経済的負担を軽減していく動き

近年では、制服リユース活動をＰＴＡなどが中心となって実施している学校が多い（四七・八％。公正取引委員会二〇一七年報告書（注８））。また、制服類の中古販売を行っている店舗もある。中古販売店の場合は中古の制服を買い取って販売に回すため、正規価格の一〜三割程度の価格だ。経済的に厳しい家庭や卒業間際のサイズアウトの事例には助かる取組だが、希望する商品やサイズがないこともある。

また服そのものの費用を軽減する試みとしては、ファッションブランドＵＮＩＱＬＯの既製品を制服として採用したさいたま市立大宮北高等学校の取組が注目されている[11]。同校は二〇二二年度よりＵＮＩＱＬＯで販売されているジャケット・パンツ・セーターなどの計一〇点の既製品から好きなものを選んで制服として着用することができることとした。一揃えで約一万五千円程度に経済的負担が抑えられ、子ども自身の好みを反映できるほか、複数枚購入や洗濯・手入れが容易であることが好評だ。また、既存の制服を選んでもよいようにする他、リボンやネクタイといったアイテムを独自に製品化して、制服らしさやデザイン性を求める子にも配慮した。この事例は制服という大きな枠の中で保護者の経済的負担を軽減しつつ、子どもの希望にも沿う制服の在り方を模索したものとして今後も注目していきたい。

同じ埼玉県内の県立北本高等学校においては、二〇二二年度より制服のサブスクリプションサービス(定額の料金を支払うことで制服を貸し出す仕組み。いわゆる「サブスク」)を導入することが報じられた。制服を購入するか、購入費用よりは安価なサブスクを選択するか選べるようになる。定額を支払っていれば、身長が伸びたり体型が変わったりしても、その時の体格に合ったものに替えるのが容易である点は、サブスクの利点といえるが、その普及は定価に対する割引率にかかっている。

ただし、こうしたリユース品、割安品、貸借品を着用した子どもと、正規品を着用した子どもが同じ空間にいることがいじめに繋がることを危惧する人は多い。自由化された場合の私服と制服の併存も同様だろう。教育学の立場からは、いじめを防ぐために見た目を画一的に整えるのは学校の役割ではない。服装や見た目によって人をいじめたりからかったりしてはならないと学ばせるのが学校ではないのか、ということだ。

制服類の見直しの方向性

制服の経済的負担に対して多く提起されるのが「制服の無償給付」だ。これは保護者の経済的負担がゼロになる点で意味はあるが、他方で、無償給付されたために一律着用の義務が解除されない点で子どもの権利の視点から問題が多い。さらに言うなら、今の高額で点数の多い制服のすべてを無償にするのは財源の有無を議論する以前に、無駄が多すぎる。

他方で、「制服廃止」となれば制服に利点を感じている子、制服により心の安定を得ている子にとって不利益があるばかりではなく、制服リユースにより私服よりも安価な制服を着まわしていくことも不可能となる。保護者の経済的状況や子育て方針により子どもの着る衣服が決められていく、という状況にもなりかねず、子どもと保護者の意向に齟齬が起こる可能性も否定できない。

現時点において、筆者としては、「上靴や靴下、ベスト等の余計な指定品の点数を減らし、制服類の総額を安価にしつつ着用義務を撤廃する」方向性が保護者の経済的負担と子どもの権利をよりよく満たすと考えている。もちろん、先の制服廃止同様、親子で意向の齟齬が生じる可能性は否定できないが、子どもの権利を満たし、保護者にとっても「適正」な経済的負担を課すよう見直された制服・指定品類があれば、弊害は小さくなる。いわばそんな〈セーフティ・ネットとしての制服〉は、すべての家庭に購入義務を課し、すべての子どもに着用義務を課すようなものであるはずはない。学校において「制服」として運用されているものは、購入・着用を学校として推奨する「標準服」にすぎないことが改めて確認され、その機能性・デザイン・価格も、今一度子どもの権利と保護者の経済的負担の観点から見直す動きが広がってほしい。

注

(1)　この前提は当然国や教育行政の条件整備・公教育の無償化義務を免責するものではない。
(2)　当時、女子学生服の調査費目は存在しない。
(3)　ちなみに、生活保護制度の生活扶助の中の一時扶助として支払われる入学準備金がある。小学校は六四、三〇〇円、中学校は八一、〇〇〇円であり就学援助の国基準よりは支給金額が多い。しかし、自治体間格差を除き、本文で述べる就学援助制度と同様の課題が指摘できる。

(4) 柳澤靖明「保護者の費用負担と校則の縛り――就学援助制度と制服、学校指定品の再考」みんなの学校安心プロジェクト「制服は安い?!高い?!〜お金の視点から校則問題を考える〜」イベント報告資料、二〇二一年一二月一三日(https://researchmap.jp/yanagisawa.y/social_contribution/31690914)二〇二三年三月一五日最終確認。

(5) 文部科学省「就学援助実施状況等調査結果」(https://www.mext.go.jp/content/20211216-mxt_shuukyo03-000018788_01.PDF)二〇二三年三月一三日最終確認。

(6) ただし、係数が一・一倍の東京都足立区では援助率(要保護及び準要保護児童生徒数を公立小中学校(中等教育学校の前期課程を含む)児童生徒数で除して算出したもの)が「三〇%未満」、一・〇倍の立川市では「一五%未満」、一・六七倍の文京区では「一〇%未満」となっているように、係数の高低と認定基準に当てはまる世帯の割合は必ずしも連動しない(文部科学省「令和三年度就学援助の実施状況(市町村別実施状況)」二〇二二年五月一日)。

(7) 公益社団法人　セーブ・ザ・チルドレン・ジャパン　国内事業部「三万人アンケートから見る子どもの権利に関する意識子どもの貧困に関する意識データ集」二〇二〇年六月(https://www.savechildren.or.jp/news/publications/download/ishiki_data202006.pdf)二〇二三年三月一五日最終確認。

(8) 公正取引委員会「公立中学校における制服の取引実態に関する調査について」二〇一七年一一月二九日(https://www.jftc.go.jp/houdou/pressrelease/h29/nov/171129_files/171129_1houdouhappyou.pdf)二〇二三年三月一五日最終確認。

(9) 文部科学省初等中等教育局財務課長・児童生徒課長通知「学校における通学用服等の学用品等の適正な取扱いについて(通知)」二〇一八年三月一九日(https://warp.ndl.go.jp/info:ndljp/pid/11402417/www.mext.go.jp/b_menu/hakusho/nc/1402673.htm)二〇二三年三月一七日最終確認。

(10) 「生徒指導提要の改訂に係る御意見」(「生徒指導提要の改訂に関する協力者会議(第6回)」(非公開)配付資料、二〇二二年三月七日)(https://www.mext.go.jp/content/20220308-mxt_jidou02-000021042-001.pdf)二〇二三年三月一七日最終確認。

(11)「大宮北高校「ユニクロ制服」導入にネット騒然　その後どうなった?」NHK首都圏ナビ・Webリポート・高瀬杏、二〇二二年三月八日(https://www.nhk.or.jp/shutoken/wr/20220308b.html)二〇二二年三月一七日最終確認。

文　献

浅羽晴二、一九九二「中学校制服購入にともなう損害賠償請求」『教育判例百選(第三版)』別冊ジュリスト、一一八、有斐閣。

井上英夫・山口一秀・荒井新二編、二〇一六『なぜ母親は娘を手にかけたのか——居住貧困と銚子市母子心中事件』旬報社。

川崎雅和、二〇二三「就学援助制度の概要」川崎・柳澤清香『就学支援がよくわかる本　学校事務ベーシック1』学事出版。

大島佳代子、二〇〇〇「わが国における校則訴訟と子どもの人権」『帝塚山法学』四。

大津尚志、二〇〇八「判例から教育現場を考える(11)　校則、制服着用と生徒指導[東京高裁平成1．7．19判決]」『月刊高校教育』四一(二)、学事出版。

大矢一夫、二〇二一「愛知県立高等学校の制服の販売業者に対する排除措置命令等(県立高校制服の値上げカルテル)について」『公正取引』八四四。

武田麻依、二〇一七「義務教育における公費私費負担区分に関する研究」『公教育システム研究』一六。

柳澤靖明・福嶋尚子、二〇一九『隠れ教育費——公立小中学校でかかるお金を徹底検証』太郎次郎社エディタス。

世取山洋介、二〇一二「教育条件整備基準立法なき教育財政移転法制——成立、展開、そして、縮小と再編」世取山・福祉国家構想研究会編『公教育の無償性を実現する——教育財政法の再構築』大月書店。

第6章　外見校則とルッキズム

西倉実季

1　外見校則をめぐる現状

「ブラック校則をなくそう！プロジェクト」は、理不尽な校則の具体的事例を収集し、それらを九つに分類している（荻上　二〇一八）。そのうち四つ（髪染め強要、パーマ禁止、細かな毛髪指導、服装規定）が外見に関係するものである。たびたび黒染めを強要され、教師が許可するまで登校が認められなかった生まれつき黒髪でない生徒たち。パーマが禁止されているため、地毛証明書の提出を要求されたり、ストレートパーマで伸ばすよう注意を受けたりしている髪質がストレートでない生徒たち。髪型、靴下の色、スカートの長さなどに関する些細な決まりのもとで、必ずしも合理的な説明がつかない「指導」の対象となっている生徒たち。これらから浮かび上がるのは、生徒たちが外見校則によって自身の身体的特徴を直接的・間接的に否定されたり、納得のいく理由が提示されないまま画一的な外見を強いられたりしている実態である。

本章の目的は、「ルッキズム(lookism)」(外見にもとづく差別)という観点から、外見校則がはらむ問題を検討することである。「ルッキズム」は、その被害者が自らの尊厳を求め、理不尽な扱いに異議を申し立てるために用いられてきた言葉である。[1]「ブラック校則」として可視化されたものの多くを外見校則が占め、生徒たちが外見をめぐって理不尽さを経験しているとするならば、その問題をあぶり出すにあたって役に立つはずである。

以下ではまず、「ルッキズム」とは何か、何を問題にするための言葉なのかを確認する(第2節)。次に、ルッキズムという観点から見た場合、外見校則のどこにどのような問題を見出しうるか検討する(第3節)。最後に、生徒が参画する形で外見校則の見直しがなされる際、どのような視点が盛り込まれる必要があるのかについて、若干の提案を試みたい(第4節)。

2　ルッキズムとは何か

「ルッキズム」が学術研究の領域で使用されるようになったのは、おもに二〇〇〇年代以降であり、比較的最近のことである。今日の日本では「見た目重視」や「人を外見で判断すること」を指す言葉として流通しているが、学術研究においてはこれらとはやや異なる意味で用いられてきた。「ルッキズム」という言葉を通じて何を問題にしているのかという点に着目すると、これまでの議論は以下二つに分類することができる[2](西倉　二〇二二)。一つは、本来はその場面に関係がない(irrelevant)にもかかわらず、外見が評価されていることを問題にする議論である(イレレヴァント論)。もう一つは、私たちの社会で価値が置かれる「よい外見」はある偏り(bias)を含んでおり、それゆえ特定の人々が不利になることを問題にする議論である(バイアス論)。これらは排他的な議論ではなく、ひとりの研究者が両方の論点を提示している場合も少なくない。

まず、イレレヴァント論から確認していこう。この議論における「ルッキズム」とは、とりわけ職場や学校などの公的な場面で外見が評価の対象とされることで、機会均等が妨げられるような差別を意味する。たとえば、顔立ちや体型、髪型や服装を理由に採用されなかったり、低い評価を受けたりすることは、典型的なルッキズムである。こうしたルッキズムを批判する人々は、恋愛の相手を選ぶといった私的な場面も含めて「どのような場面でも外見を評価してはいけない」と主張しているのではない。職場での採用面接や学校での成績評価など、本来は外見が評価されるべきではない場面で評価の対象となり、一部の人が不利益を被ることは差別であると訴えているのである。もちろん、職業によっては、顔立ちが美しくスリムな体型であることが職務を遂行するうえで必要とみなされ、外見を評価することが不当とは言えない場合もある。しかし、そうした職業はファッション・モデルなどごく一部に限られる。それ以外では、本来は外見が評価の対象となるべきではないか、それほど重視されるべきではないにもかかわらず、そうなってしまっていることが問題視されている。

これに対して、外見のよさは時間やお金を投資した成果なのであり、そうした努力をした人が高い評価を得ることは何ら問題ではない、という反論がある。こうした見方を批判的に検討しているのが、バイアス論である。この議論が主張する「よい外見」に含まれる偏りとは何かを理解するために、国際美容外科学会による調査に着目してみよう。[3] この調査によると、二〇二〇年に世界で実施された美容整形のうち件数が多かったのは、女性の場合、豊胸手術やまぶたの手術であり、男性の場合、まぶたの手術や女性化乳房修正手術である。女性の豊胸手術は小さい乳房を大きくする処置であり、男性の女性化乳房修正手術とは、乳腺が発達したりすることで女性のように発達した乳房を縮小する処置である。男女ともに多いまぶたの手術は、日本では美容整形全体の約六五％を占め、東アジア人に特徴的な「蒙古ひだ」と呼ばれる皮膚の膜を切開して目を大きく見せたり二重まぶたにしたりする処置を指す。以上は外科的な処置であるが、非外科的な処置としては、しわ取りや若返りのための注射の件数が多い。

つまり、美容整形を通じて追求される「よい外見」は、「女／男らしい」特徴や非アジア人的な特徴、そして若さを理想としている。「よい外見」にこうした偏りがある以上、ジェンダー規範にそぐわない外見やアジア人的な特徴の持ち主、若くない人々は、そうでない人々よりも余計に時間やお金を費やさない限り、あるいはたとえ費やしたとしても「よい外見」を手に入れるのは困難であるため、個人の努力の問題ではない。このように、「よい外見」には偏りが含まれることを明らかにし、そうした外見の持ち主が高い評価を得ることを通じて、ジェンダー、人種、年齢などをめぐる社会的不平等が強化されることを「ルッキズム」として問題にするのがバイアス論である。

以上をまとめると、イレレヴァント論の立場からはルッキズムが機会均等を損なう点で、バイアス論の立場からはルッキズムがジェンダー、人種、年齢などをめぐる既存の社会的不平等を再生産する点で、それぞれ問題視されてきた。「ルッキズム」という言葉の意義は、外見をめぐる不利益という、これまで個人的な問題に過ぎないとして放置されてきた事柄を差別として、しかも従来の社会的不平等と切り離せない問題としてとらえ直したことにある。

3　外見校則に潜むルッキズム

以下の項ではイレレヴァント論の観点から、続く次の項ではバイアス論の観点から、外見校則がはらむ問題について検討していこう。読者の中には、こうした議論は学校現場のさまざまな事情を無視した机上の空論であり、いったい何の意味があるのかと疑問を抱く方もいるかもしれない。また、学校側からすれば、どんな外見校則にも相応の理由があるのであって、それを「差別」などと言われるのは納得がいかないという意見もあるだろう。しかし、見慣れた事柄を日常の文脈からずらすことには、それを見慣れない未知のものに変え、これまでとは別の見方をもたらす効果が期待できる。外見校則をルッキズムという文脈に置いて眺めてみることには、こうしたねらいがある。

外見と学習との関係

校則による茶髪禁止が報道された事例を整理した矢吹（二〇一九）によると、一九八〇年代後半以降、茶髪の生徒を帰宅させたり、授業への出席を認めず別室で自習させたり、入学式や卒業式などの学校行事に出席させなかったりする事例がみられる。これらの事例においては、授業や特別活動への参加を認めるかどうかの判断に生徒の外見が用いられている。校則が定める黒髪であれば参加を認めるが、そうでないならば認めないというわけである。

イレレヴァント論によれば、当該場面に重要な関係がないにもかかわらず、外見を評価することはルッキズムであり、これらの事例はこれに相当すると考えられる。修学旅行を例に挙げると、生徒がその学習を行うにあたって「実施のねらいを理解していること」や「事前学習の成果を得ていること」などは必要であろうが、「黒髪であること」はそうではない。にもかかわらず、黒髪でないことを理由に参加を断念させるとすれば、この場面で求められている学習の遂行にとって関係がない要素が問われた結果、この生徒に不利益が生じていることになるためである。

学校現場では、生まれつきの茶色い髪の黒染め強要も起きてはいるが（荻上 二〇一八）、「生来の身体的特徴を変えてはならない」という論理のもと、生まれつきの茶髪は許容される一方、染色・脱色による茶髪は禁止されてきた（矢吹 二〇一九）。しかし、イレレヴァント論においては、茶髪が染色・脱色によるのか、それとも生来のものかという違いは重要ではない。茶髪が生まれつきかどうかにかかわらず、それが当該場面における学習の遂行と関係があるかどうかが問われるべきだからである。

こうした見方に対しては、授業や特別活動を含む学習の遂行と生徒の外見とのあいだにはむしろ重要な関係がある、という反論がありうる。「外見にかまけると学業がおろそかになる」、「校則に従わない生徒がいると集団の秩序が乱れる」などの意見はその典型例であろう[4]。実際、外見校則の正当性を主張する人々は、学習の遂行と生徒の外見とのあいだには重要な関係があると考えているようである。たとえば、生まれつき髪が茶色いにもかかわらず黒く染めるように強要されて精神的苦痛を受けたとして、大阪府立高校に通う女子生徒が府を相手に起こした損害賠償訴訟において、学校側は次のように主張した(二〇二一年一〇月二八日の大阪高裁判決を抜粋・要約)。

- 生徒の関心を勉学やスポーツに向けさせて非行防止につなげるものであり、教育目的にもとづく。
- 茶色い髪を放置すると他の生徒が不公平感を抱き、いじめが起きたり校内の秩序が保てなくなったりする恐れがあるため、指導には合理性がある。

前者においては、本来は勉学やスポーツに注がれるべき関心がおしゃれに向いてしまうと非行を誘発しかねないというように、ある生徒の外見とその本人の学習の遂行は関係しているとの認識が示されている。後者においては、一人でも外見校則を守らない生徒がいると公平原則が脅かされてトラブルが起き、校内の秩序維持の妨げになるというように、ある生徒の外見と他の生徒を含めた学校全体の学習の遂行との関係が想定されている。

①リスク回避としての外見校則

こうした主張には、「防止」や「恐れ」という言葉に表れているように、まだ起こっていない危険の可能性、すなわちリスクを問題にしているという特徴がある。リスクは、それが実際に起こるのかどうか、起こってみるまで誰にもわからない。よって、一定の確率で起こりうることを想定し、それを前提にさまざまな対応を講じることになる。つまり、リスクがあるかないかという問題は、リスクをどの程度大きく見積もるかという問題を意味している。もちろん、非行や秩序の混乱といったリスクは可能な限り避けた方がよい。しかし、それを過剰に大きく見積もってしまうと、リスク回避の効率的な手段として安易に選択されてしまうことになりうる。あくまで確率論的な現象であるはずのリスクが過大に見積もられ、その回避を理由に生徒の外見の管理・統制が正当化されるのである。

リスクの過大な見積もりの背景にあるのは、苅谷の言う「教育という営みの特徴」であろう（苅谷　二〇〇五：九二）。教育とは、子どもたちを健やかに育て、よい大人になるように手伝う営みであるため、子どもが「悪く」ならないための予防が重要となる。校則に関しては、それを守るのが「正しい行動」なのかどうかは深く問わずに、守っていること自体が「正しい態度」であるとされ、そうした態度の育成が将来よい大人になることにつながると考えられていることも少なくないのではないか。生徒の将来を思って、しかも態度（心の持ちよう）が評価の対象となるため、どこまでやればよいのかその範囲は確定しづらく、ときに指導が行き過ぎることもあるだろう。

イレレヴァント論において蓄積されてきた考え方は、こうした傾向に対する歯止めになりうる。雇用場面にそくして考えると、その職務を遂行するにあたって重要な関係がないにもかかわらず、外見を評価の対象にすることは差別にあたる。外見がその職務の本質や公共の福祉に関わらない限り、雇用者が従業員の外見に介入すること——たとえば、ひげや体毛を剃るよう命じたり、化粧を義務づけたり、民族や信仰にもとづく服装や髪型を断念させたりすること——は認められない。職務の遂行に関係しない以上、「お客の目があるから」というように、顧客の意向を理由にしたとしても正当化できない。これらの指摘を教育場面に当てはめると——「職務」「雇用者」「従業員」「顧客」をごく機械的に「学習」「学校(教師)」「生徒」「地域や社会」にそれぞれ置き換えてみると——、ある学習を行うにあたって、生徒がどんな外見をしているかは重要な関係がない場合、たとえば黒髪でないという理由で授業や特別活動への参加を断念させるのは認められないということになる。その学習の遂行に関係しない限り、学校側は生徒に特定の外見を強いることはできないし、地域や社会からの視線もその理由にはならない。

逆に言えば、ある学習を行うにあたって特定の外見でなければならない合理的な理由が存在するならば、その外見校則は正当性を持つということである。イレレヴァント論は、合理性を欠く外見校則を批判するための論理であると同時に、理に適った外見校則を正当化するための論理でもある。外見校則が正当性を持つ例としては、化学実験を安全に実施するために特定の衣服を着用させたり、プールの水を清潔に保つために整髪料や化粧を禁止したりといった場合が考えられる。ただし、特定の学習の遂行との重要な関係を見出せるかどうかを検討するならば、現状の外見校則のうち、はたしてどれだけのものが正当性を持つと言えるだろうか。

② 場面に関係のない外見評価はなぜ問題なのか

イレレヴァント論が場面に関係のない外見の評価を批判するのは、それが機会均等の原則に反するためである(Rhode 2010＝二〇一二)。大学進学にあたっての学校推薦を例に挙げれば、大学が求めている能力や資質を備えているかどうかによって生徒を評価するべきであり、それらとは直接関係しない外見によって推薦の有無を決定するとしたら、公正さが失われる(どんな外見校則にも従えるだけの従順さや忍耐力こそが大学入学後に求められる能力や資質であると考えるのであれば、話は別である)。もし入学後に問題なく大学生活を送れるだけの能力や資質を有しているにもかかわらず、髪が茶色いとかパーマをしているように見えるとかいう理由で推薦が得られないようなことがあれば、生徒たちは学習への意欲を失うだろう。[5] これらが積み重なれば、ひいては業績による評価の原則を揺るがすことにもなりかねない。ルッキズムはこのように、個人的にも社会的にも大きな損失をもたらすとして批判されてきた。

イレレヴァント論はまた、場面に関係のない外見の評価が個人の自己表現の権利を制限することを問題視する(Rhode 2010＝二〇一二)。ある生徒は茶髪にしたいと思っているが、進学や就職などで不利にならないために茶髪禁止の校則に従わざるをえないとしよう。染髪できないことで個性が損なわれると感じるとしたら、この生徒は自分をどう表現するかという自由を制約されていることになる。同じように、コーンロウ(細かい編み込みを施した髪型)に誇りを持っている生徒が編み込みを禁止する外見校則のもとで髪型を変えなければならなかった場合、この生徒は自身の文化的なアイデンティティの表出を制限されることになるだろう。

③「らしさ」という規範

荻上は、「ブラック校則」への社会的関心の高まりの中で、「毛髪は黒」から「生まれつき茶髪や金髪の人はそのままでよい」へと変更した地域があることを評価しつつも、「そもそも染髪を禁止することへの問いは残」ると述べている(荻上・内田 二〇一八：二四六)。茶色の地毛を黒染めさせるといった明らかな人権侵害の事例はむしろ一部であることを考慮すると(山本二〇一九)、生まれつきの外見の強制的な変更だけに焦点を当てるのは十分ではない。外見校則それ自体が問題なのではなく、その運用(生来の外見を尊重しないやり方)に不備があったのだという理解を招き、外見校則の是非が問われないままになってしまうためである。

染髪、指定外の髪型、眉剃り、化粧の禁止など、賛否が分かれる外見校則を正当化する切札として威力を発揮してきたのが、「中学生/高校生らしさ」である。「茶髪やツーブロックは中学生らしくない」「中学生なのだから、中学生らしくして当然だ」というわけである。「女/男らしさ」という表現を分析した加藤(二〇〇六)によると、「あの人は女らしい」という言い回しは、その人物が女性の多くが共有している性質を備えているという事実を中立的に記述しているだけのように見えて、実は価値判断を含んでいる。「らしさ」が規範の押しつけであることは、「女らしくしなさい」といった命令文の形で用いられるときに明確になる。女性が女らしいということが単なる事実であり、女らしくない女性が存在しないのであれば、わざわざ命令する意味はないからである。しかし実際には命令形が使用されているということ自体、女性がすべて事実として女らしいわけではないこと、そして「らしさ」が規範的要求であることを示している。

以上より、「中学生らしさ」は、ある生徒が中学生であるという事実から導かれているのではなく、規範的要求であることを確認したうえで、イレレヴァント論にもとづいて考えてみよう。イレレヴァント論によれば、そうした要求が正当性を持つのは、それが中学校で求められる学習と直接的な関係がある場合である。しかし、学習の遂行にあたってなぜ「中学生らしさ」を備えていなければならないのかは実にあやふやであり、上記①で論じたようなリスクを見積もらない限り、むしろ関係がないと言える。

ここまで、イレレヴァント論から導かれる原則的な考え方を確認してきた。職場と学校は異なる社会的領域であり、雇用の場で正当化できないことが、教育の場では必ずしもそうではない場合も多々あるだろう。また、イレレヴァント論を採用するには、当該場面で求められている職務なり学習なりの本質が明確であることが前提となる。長期雇用を念頭に置いた日本の労働市場では、労働者に求められる職務遂行能力は抽象的なものになりがちであることが指摘されてきたが(本田　二〇〇五)、苅谷(二〇〇五)の言う「教育という営みの特徴」をふまえると、学校において子どもたちに要請されている「能力」はいっそう特定しづらいことになる。そのため、外見校則の是非について、当該場面に関係があるか否かという観点から判断することには困難がともなう。しかし、少なくとも、機会均等の原則や自己表現の権利が尊重されるべきものであることは教育の場においても共有しうるはずである。とするならば、ある外見校則が正当性を持つかどうかは、「教育目的」なるものを自明視することなく、まずは学習との直接的な関係という観点からシンプルに判断される必要がある。

ルッキズム＝外見の良し悪しの判断？

黒髪でない生徒を授業や特別活動に参加させないことについては、あくまでも校則違反に対する指導であって、外見の良し悪しにもとづく処遇ではないのだから、ルッキズムには当たらないという反論もありうる。次に、こうした主張についてバイアス論の立場から検討していこう。ここで重要となるのは、ルッキズムが単なる「美男美女」の優遇ではなく、既存の社会的不平等を強化し再生産する作用を持つということである。

①「望ましくない外見」という価値づけ

たしかにルッキズムは、「魅力的な外見」と評価された人が優遇され、そうでないとみなされた人が不利益を被るような外見にもとづく差別を指す。しかし、ルッキズムによって生じているのは、外見の良し悪しの区別をもとにした不利益扱いにとどまらない。職場におけるルッキズムとして先述した、職務と関係がないにもかかわらず雇用者が従業員に特定の外見を強いること――たとえば、ひげや体毛を剃るよう命じたり、化粧を義務づけたり、民族や信仰にもとづく服装や髪型を断念させたりすること——に着目すると、従業員のもともとの外見に対して「異質である」とか「望ましくない」といった否定的な価値づけがなされていることに注意が必要である。

バイアス論が指摘するように、どのような外見を「よい」「望ましい」と感じるかは、私たちが思うほど主観的な問題ではない。この意味でルッキズムは、社会においてすでに不利益を被っている人々をより不利な立場に立たせることになる(Rhode 2010＝二〇一二)。「よい外見」「望ましい外見」はジェンダー規範にもとづいた「女／男らしい」特徴や非アジア人的な特徴であり、若さを理想としているという偏りがあるとすれば、「女／男らしくない」外見やアジア人的な特徴の外見、年齢を感じさせる外見などは否定的な価値づけを与えられやすいことになるためである。たとえば、従来の「女／男らしさ」には合致しない外見をしているトランスジェンダーがいた場合、「異質である」「望ましくない」などと判断されてしまう。性的マイノリティは、社会のさまざまな場面ですでに多くの困難に直面しているが、ルッキズムによって一段と不利な状況に置かれることになる。こうした問題は、性的マイノリティに限らず、民族的マイノリティや障害のある人などにも当てはまるだろう。

外見校則に従って指導をしている教師は、たしかに、「魅力的な外見」の生徒を優遇したり、反対に「魅力的でない外見」の生徒を冷遇したりしているわけではないかもしれない。しかし、外見校則による指導は、特定の外見を「逸脱」とみなし、「そのままでは許されないもの」「変えなければならないもの」という否定的な価値づけをともなっている。たとえば、男子は髪を伸ばしてはいけないという校則があり、それに従わなかったある男子生徒が執拗に注意を受け、自分の意に反して髪をカットせざるをえなかったとしよう。このとき、この男子生徒が不利益扱いを受けていると同時に、「長髪」が「男子として望ましくない外見」として否定的に価値づけられているのである。同じように、パーマ禁止という校則のもとで、生まれつきの髪質がストレートではない生徒が繰り返し指導の対象となり、ストレートパーマで伸ばすように言われたとしよう。この校則は「日本人であれば黒髪ストレート」という思い込みを前提としており⑥、「ウェーブがかかっている髪質」は「日本人として異質な外見」というように否定的な価値づけを与えられている。

英米で蓄積されてきたバイアス論によれば、アジア人的な外見の特徴よりもそうでない外見の特徴とされるものの方が「よい外見」「望ましい外見」に近いと考えられている。これに対して日本の外見校則においては、「日本人らしい」外見が当然視され、それとは異なる特徴を持つ外見が「異質である」「望ましくない」として否定的に価値づけられている。こうした違いはあるが、特定の外見が望ましいものとして、それに当てはまらない外見が望ましくないものとして序列化され、後者に括られた人たちに抑圧的に作用している点は共通している。

② つくり出される「普通の外見」

私がルッキズムに関心を持ったのは、病気やけがが原因で外見に特徴を持つ人々へのインタビュー調査の過程においてである(西倉　二〇〇九)。彼/彼女たちにとって、学校はとりわけ困難を感じやすい場所として語られる。たとえば、アルビノ(生まれつきメラニン色素をつくることができない疾患）のため金髪の女性は、髪の染色や脱色を禁止する校則があった中学校で、髪色を問題視された経験がある。生まれつきの疾患ゆえであることを説明すると、その後は指導の対象になることはなかった。しかし、学校に事情を説明して「許可」を得なければならないこと自体が、彼女に「自分は正しい見た目ではない」と思わせたという。また、脱毛症で頭髪が抜け落ち、ウィッグを被って生活していた男性は、高校から「異装許可願」を提出するよう求められた。ウィッグの使用が校則で認められていなかったためである。ウィッグは自分が平穏な社会生活を送るために必要不可欠であるにもかかわらず、それが「異装」とされることにショックを受けると同時に、「ウィッグを被っているのは普通ではないのだ」と強く感じるようになったという。

これらのエピソードは、外見校則が特定の外見を「逸脱」として否定的に価値づけるだけでなく、同時に、逸脱していない「正しい外見」「普通の外見」を生み出していることを示している。もちろん、何が「普通の外見」とみなされるかは、文化や社会によって大きく異なる。たとえ同じ社会であっても、世代や社会階層、住んでいる地域や触れている文化などによって異なるだろう。つまり、何が「普通」で何がそうでないかを決める普遍的な基準があらかじめ存在しているわけではない。にもかかわらず、外見校則が生み出す「普通の外見」は生徒たちにとって絶対的なものとして受け止められる恐れがある。

校則の一律適用に例外を設けるものであるという理由で、「地毛証明書」や「異装許可願」は生徒への「配慮」とみなされることがある。しかし、上記のエピソードからわかるのは、他の生徒は必要としない「証明」や「申請」が求められること自体が、自分の外見をどこか逸脱したものとしてとらえることにつながっている実態である。

外見の平準化に意味はあるか

外見校則はこのように、特定の外見を否定的に価値づけることを通して、既存の社会的不平等を再生産している。「女／男らしさ」や「日本人らしさ」を当然視するような外見校則は、たとえば、ジェンダー規範に従いたくない子どもたちや、トランスジェンダーや日本における民族的マイノリティの子どもたちの外見に否定的な価値づけをしているのであり、彼／彼女たちをさらなる苦境に立たせることになるためである(7)。

その一方で、生徒たちに画一的な外見を求める外見校則は、しばしばルッキズムを防止するものとして語られることがある。生徒におしゃれを認めると外見のよさの競い合いが激化しかねず、それを抑止するために外見校則は必要なのだ、というわけである。学術研究における用法とは違い、ここでの「ルッキズム」は「見た目重視」や「外見至上主義」の意味で使われている。こうした意見については、以下二点指摘しておきたい。

第一に、イレレヴァント論とバイアス論にもとづく検討を通して見えてきたのは、外見校則はルッキズムを防止するどころか、むしろそれを助長している可能性である。外見校則によって場面に関係のない外見の評価が常態化していたり、望ましい外見／望ましくない外見という序列化が生み出されていたりするとしたら、外見校則はルッキズムに加担している。

第二に、学術研究の用法とは異なるとはいえ、「見た目重視」や「外見至上主義」の問題に焦点を当てることは、それ自体きわめて重要である。これまでのルッキズム研究は、おもに雇用場面での差別に注目してきた。そのため、外見による学級内のグループの序列化（いわゆるスクールカースト）（鈴木　二〇一二）や生徒集団内での「美醜ハラスメント」（金子　二〇一七）といった学校現場で起きている問題に対しては、射程が及ばないところもある。よって、これらの問題については、「見た目重視」や「外見至上主義」といった観点からの検討が必要となるだろう。

ただし、外見校則は見た目重視としてのルッキズムを防止するという主張においては、外見をめぐる競争がなぜ問題なのかが整理されないまま、生徒に画一的な外見を強いるという手段がとられていることに注意が必要である。外見をめぐる競争が問題なのは、おしゃれに気を取られて学業に支障が出るからなのか、家庭の経済状況によって有利不利が生じるからなのか、それとも競争の「敗者」が劣等感を覚えるからなのか。校則の厳しさと学力には相関関係があるわけではないとの指摘もあり（荻上・内田　二〇一八）、外見校則がなければ生徒がおしゃれにばかり気を取られてしまうかどうかは、少なくとも、十分なエビデンスにもとづく検証が求められる。まさしく過大に見積もられたリスクである可能性が否めない。

また、生徒に自由な服装や髪型を認めると、家庭の経済格差が如実に反映されかねないという懸念については、「貧富の差」はたとえ制服であっても視覚化されるという指摘もある（河崎・斉藤・内田編　二〇二一）。であればいっそ放っておけばよいということにはならないが、外見校則による生徒の外見の平準化が必ずしも有効な手立てではないことは確認しておきたい。仮に制服が経済格差を隠す効果を持つとしても、「毎朝、死にそうになりながら制服を着ている」（遠藤　二〇二二：六二）子どもたちの苦しみが無視されてよいはずがない。学校側は差別が起こらないように導入していると思っている外見校則が、別の差別を引き起こしていることを見落としてはならない。多様な子どもたちの存在を前提にしたときに求められるのは、外見を平準化してその多様性が表面上は目に入らないようにすることではなく、生徒たち自身がその多様性に応じた服装や髪型ができる選択肢を確保することでないだろうか。

さらに、外見校則が外見をめぐる競争の「敗者」――外見に恵まれなかったりおしゃれが苦手だったりする生徒たち――を保護する役割を担っているのだ、という見方がある。細谷（二〇〇四）によれば、外見の劣等感に対して周囲から与えられるアドバイスとして、「外見をあまり気にするな」という「無視の勧め」と「外見を改善するよう配慮せよ」という「配慮の勧め」がある。外見校則には、生徒の外見を平準化することで外見の良し悪しの比較が生じにくくするという意図があるならば、一種の「無視の勧め」として位置づけられるだろう。今日の子どもたちがマスメディアやＳＮＳなどを通じて過剰なまでの「配慮の勧め」にさらされていることを考えると、均衡を図るという点で、「無視の勧め」には一定の意味があるのかもしれない。しかし、細谷が指摘するように、現代が外見重視の社会であり、外見の良し悪しが実際にさまざまな利害を生む以上、あまりにもリアリティに欠けたアドバイスであることも否定できない。仮に外見校則が生徒を保護しているとしても、いずれは、あるいは学校を一歩出れば外見を気にせざるをえない環境が待ち受けているのだから、それを見て見ぬふりをするのはむしろ欺瞞である。とするならば、子どもたちにとって今必要なのは、「無視の勧め」でも「配慮の勧め」でもない自分の外見とのつき合い方に関するアドバイスではないだろうか。この点については、次節で改めて振り返ることにしたい。

4　包括的セクシュアリティ教育との接続

「ブラック校則」の問題化を受けて、学校側が生徒を交えて校則を検討し、見直そうとする動きが全国的に始まっている(河﨑・斉藤・内田編　二〇二二)。都立高校では、「ブラック校則」として問題視されてきた五項目(髪の黒染め、ツーブロックの禁止、自宅謹慎、下着の色指定、「高校生らしい」などのあいまいな表現を用いた指導)が二〇二二年度から廃止された。都の教育委員会がこれらについての点検を求めたのを受けて、各校での教師と生徒、保護者による検討の結果、五項目の全廃が決まったという(『朝日新聞』二〇二二年三月一五日夕刊)。

外見校則の見直しの視点として、ここまでの考察をふまえて提案したいのは、「ルッキズムに加担しないこと」である。すでに指摘したように、外見校則によって場面に関係のない外見の評価が常態化していたり、特定の外見への否定的な価値づけがなされていたりするとしたら、外見校則はルッキズムに加担している。子どもたちにとっての学校が、不必要な外見評価にさらされることなく公正な機会が与えられ、自分を否定したりせずに安心して学べる場であるために、ルッキズムに加担するような外見校則は見直されなければならない。

校則によって人権が制限され、それを変えようにも対等な立場で意思決定に参画することができない環境で育った子どもたちは、はたして人権や民主主義を重視する大人になるだろうか。室橋（二〇二一）はこう問題提起したうえで、生徒が校則の見直しに参画することを主権者教育の一環として位置づけている。外見校則の見直しにおいては、暗記のリストとして示されがちな人権を、生徒たちが異議申し立てのための手段として学校生活に適用できることが求められるだろう。ただし、自らに保障されている権利を知り、それを主張できるようになるための学習のみを目指すのでは、「強者の、サバイバルのための人権教育」（阿久澤　二〇一二：五〇）になりかねない。自らが理不尽な目にあわないことには敏感であるが、他者が経験している理不尽さを度外視した外見校則の検討がなされてしまうことにもなりうる。その結果、もし服装や髪型の自由化が進んだとしても、それは表面的なものに過ぎず、多様性の尊重とそれによるルッキズムの克服という観点からは課題の多い「見直し」で終わってしまうだろう。

とはいえ、これまで外見校則によって自らの身体的特徴を否定されたり、画一的な外見を強いられたりしてきた生徒たちが、自分の外見はそれ自体尊重されるべきであるという前提に立つこと自体が容易ではない。同じ学校生活を送りながら、自分は経験していない理不尽さに苦しんでいる他者の存在に想像力を働かせることは、なおさら難易度が高いだろう。とするならば、外見校則の見直しは、自他の外見を尊重する態度とそのための知識を養うような教育の一環としても進められる必要がある。

そうした教育とはどのようなものなのか、その内容についても学校教育への組み込み方についても、具体的なアイディアを構想できている段階ではない。ただし、それを考えていくための重要な手がかりになりうるものとして、「包括的セクシュアリティ教育」を挙げておきたい。外見について自身の健康やウェルビーイングの観点から考えたり、社会との関連で把握したりすることは、国際的には「包括的セクシュアリティ教育」として実践されてきている。二〇〇九年には、国連教育科学文化機関(ユネスコ)が中心となって「国際セクシュアリティ教育ガイダンス」を発表した。このガイダンスでは、包括的セクシュアリティ教育として具体的に取り扱う八つの「キーコンセプト」が挙げられ、四つの年齢グループ(五～八歳、九～一二歳、一二～一五歳、一五～一八歳以上)ごとに学習の内容と目標が設定されている。外見の問題が取り上げられているのは、キーコンセプト「人間のからだと発達」の中のトピック「ボディイメージ」においてである。たとえば一二～一五歳の段階では、「自分のからだに対する感じ方は、その人の健康、セルフイメージ、行動に影響する」ことを学ぶ。一五～一八歳以上の段階では、「身体的外見の非現実的な基準に対抗することができる」ことが目指される(UNESCO 2018＝二〇二〇：一三七)。

金子(二〇一七)はこのガイダンスに言及しながら、自分の身体のかけがえのなさを認識し、それに誇りを持てるための自己肯定感と人権意識の育成や、つくられたボディイメージに抗するためのメディアリテラシー教育の必要性について指摘している。子どもたちはこうした教育を通じて、外見の違いを認め合う姿勢が重要であることを理解したり、ジェンダーや文化に関するステレオタイプが自らのボディイメージに関係していることに気づいたり、ボディイメージに関して苦しんでいる人の存在を認識したりしていく。これらの知識や態度は、多様性の尊重とそれによるルッキズムの克服という観点から外見校則の見直しをしていくにあたり、子どもたちにとっての糧となるだろう。こうした学びはまた、「無視の勧め」でも「配慮の勧め」でもない自分の外見とのつき合い方に関する実践的なアドバイスにもなりうるはずである。

外見校則問題には、多様性の尊重とそれによるルッキズムの克服を考えていくうえで重要な論点がいくつも含まれている。しかし、センセーショナルな「学校叩き」や、外見校則は何が問題なのか（WHAT）を曖昧にしたまま、どう変えていくか（HOW）を考えるような前のめりの議論が先行しているように思えてならない。問題のあぶり出しをおろそかにして変革を急げば、ルッキズムが残存してしまう恐れがある。もちろん、今まさに理不尽さの只中に置かれている子どもたちが存在するのだから悠長に構えていてはならないが、急いで丁寧に、論点を解きほぐすことがもっと重視されてよい。

注

（1）「ルッキズム」は、体型の多様性の擁護をめざすファット・アクセプタンス（fat acceptance）運動の中で、肥満差別への抗議の言葉として用いられた。

（2）西倉（二〇二二）では、これらに加えて、企業のイメージを労働者の身体を通じて表現する美的労働（aesthetic labour）の出現により、そうした労働において評価される外見の労働者とそうでない労働者とのあいだに格差が生じることを問題視する議論を取り上げた。

（3）　ＩＳＡＰＳ（国際美容外科学会）Global Survey Results 2020.（https://www.isaps.org/wp-content/uploads/2022/01/ISAPS-Global-Survey_2020.pdf）二〇二二年八月一〇日最終確認。
（4）　新聞記事の分析をもとに茶髪禁止を正当化する論理を抽出した矢吹（二〇一九）によると、「非行・問題行動の予防」および「他の生徒への悪影響、学校秩序の維持」は頻繁に登場するものである。
（5）　文部科学省「児童生徒の問題行動・不登校等生徒指導上の諸課題に関する調査」における「学校の決まり等をめぐる問題」を理由とする不登校の多さは、こうした恣意的な評価とはたして無関係だろうか。
（6）　荻上・岡田（二〇一八）によれば、生まれつきの髪色・髪質が「黒髪ストレート」の割合は全体の六割に過ぎず、「日本人であれば黒髪ストレート」は思い込みでしかないことがわかる。
（7）　トランスジェンダー当事者の遠藤は、「校則をめぐる問題は、すべての子どもたちの人権に関わる問題であるが、マイノリティの子どもたちに負担がより集中することは忘れてはならない視点だ」と指摘している（遠藤二〇二一：六三）。

文献

阿久澤麻理子、二〇二一「人権教育再考――権利を学ぶこと・共同性を回復すること」石埼学・遠藤比呂通編『沈黙する人権』法律文化社。

遠藤まめた、二〇二一「生の多様性を前提とした学校のルールを作ろう――ＬＧＢＴユース支援の立場から」河﨑仁志・斉藤ひでみ・内田良編著『校則改革――理不尽な生徒指導に苦しむ教師たちの挑戦』東洋館出版社。

本田由紀、二〇〇五『多元化する「能力」と日本社会――ハイパー・メリトクラシー化のなかで』ＮＴＴ出版。

細谷実、二〇〇四「「美／醜」問題と倫理――美醜は個人的なことか?」金井淑子編『岩波　応用倫理学講義5　性／愛』岩波書店。

金子由美子、二〇一七「「ボディイメージ」を通して考える「ガイダンス」」『季刊セクシュアリティ』第八二号。

苅谷剛彦、二〇〇五『学校って何だろう――教育の社会学入門』筑摩書房。

加藤秀一、二〇〇六『ジェンダー入門――知らないと恥ずかしい』朝日新聞出版。

河﨑仁志・斉藤ひでみ・内田良編著、二〇二一『校則改革――理不尽な生徒指導に苦しむ教師たちの挑戦』東洋館出版社。

室橋祐貴、二〇二一「日本社会に人権意識を」河﨑仁志・斉藤ひでみ・内田良編著『校則改革――理不尽な生徒指導に苦しむ教師たちの挑戦』東洋館出版社。

西倉実季、二〇〇九『顔にあざのある女性たち――「問題経験の語り」の社会学』生活書院。

西倉実季、二〇二一「「ルッキズム」概念の検討――外見にもとづく差別」『和歌山大学教育学部紀要（人文科学）』第七一集。

荻上チキ、二〇一八「ブラック校則の具体事例」荻上チキ・内田良編著『ブラック校則――理不尽な苦しみの現実』東洋館出版社。

荻上チキ・岡田有真、二〇一八「データから見るブラック校則」荻上チキ・内田良編著『ブラック校則――理不尽な苦しみの現実』東洋館出版社。

荻上チキ・内田良、二〇一八「対談「ブラック校則」から「ホワイト校則」へ」荻上チキ・内田良編著『ブラック校則――理不尽な苦しみの現実』東洋館出版社。

Rhode, Deborah L., 2010, *The Beauty Bias: The Injustice of Appearance in Life and Law*, Oxford University Press（＝栗原泉訳、二〇一二『キレイならいいのか――ビューティ・バイアス』亜紀書房）.

鈴木翔、二〇一二『教室内（スクール）カースト』光文社。

UNESCO, 2018, *International Technical Guidance on Sexuality Education: An Evidence-Informed Approach* [Revised Edition]（＝浅井春夫ほか訳、二〇二〇『国際セクシュアリティ教育ガイダンス――科学的根拠に基づいたアプローチ〔改訂版〕』明石書店）.

矢吹康夫、二〇一九「茶髪を禁止／許容する論理――「ブラック校則」から考える」『年報　教育の境界』第一六号。

山本宏樹、二〇一九「これからの校則の話をしよう」SYNODOS（https://synodos.jp/opinion/education/22616/）二〇二二年八月一〇日最終確認。

第7章　自由と相互尊重のルール
――校則の国際比較――

大津尚志

1　はじめに

日本および、アメリカ・フランスともに校則（にあたるもの）が存在する。いずれも、その国々において、国や社会が学校になにを求めているかを反映しているとも考えられる。日本では教育の目的は「人格の完成を目指す」ことと教育基本法第一条に規定されている。それは、「校則裁判」の嚆矢である「熊本県丸刈り校則事件」（熊本地裁、一九八五年一一月一三日）の判決にも「中学校長は、教育の実現のため、生徒を規律する校則を定める包括的な権能を有するが、教育は人格の完成をめざす（教育基本法第一条）ものであるから、右校則の中には、教科の学習に関するものだけでなく、生徒の服装等いわば生徒のしつけに関するものも含まれる」と引用されている。日本の教育法制は子どもに独立した人格を認め、その人格を生涯にわたって全面的に発達させようとする「人間教育」を目的とするものと指摘される（世取山　二〇二二)。日本の校則は今日にいたるまで「生徒心得」とも呼ばれる。それゆえ、しつけや心構えに関係することも多く書かれている。学校外のこと(例えば、休日の過ごし方など)について言及があることもある。

アメリカ合衆国では、州や学区によって法制度は異なる。しかし、全国調査において学校に求められているものは、進学(college)や職業(carrer)につらなる学力向上とシティズンシップ(citizenship)の3Cとされている(Ferguson 2016; NCSS 2013)。アメリカの公教育は歴史的に市民(citizen)の育成が目指された経緯がある。公立学校内で宗教教育は行われないが、学校内への宗教の持ち込みには寛容である。学校が学力だけでなく人間形成的な役割を果たしているところもある。

フランス共和国では「知識の伝達に加えて、共和国の価値を共有させること」が法律上の教育の目的とされている(教育法典L. 111-1)。すなわち、共和国の価値(自由、平等、人権の尊重、法の尊重・遵守など)を理解し、学習を通して知識とそれを動員して問題を解決する力を身に着けることによって学問的・科学的な教養(culture)を身に着けて、よりよい人生を送ることが目指される。非宗教的な共和国(憲法第一条)であるフランスの公教育では、公教育と宗教は厳格に分離される。宗教は私事であり、公立学校内ではあくまで「市民の育成」が目指される。

これから、日本で教育制度を参照することが多い国として、米仏の校則についてみていく。両国に共通していえるのは、ともに学校においては市民の育成および学力の向上が目指されていることが校則からうかがえるところである。それは例えばアメリカでは出席のルールが厳しく定められていること、フランスでは「勤勉の義務」が明記されていることなどに現れる。一方で、日本の校則(生徒心得)は生徒指導にかかわることのみ言及されていることが多い。次いで、校則は規則であり国の憲法や法律、政令などの下位規範に位置づけられていることがある。憲法は人権を保障するもの、法律以下の規定は権利保障を実現するための下位規則にあたる。それゆえ、法令の条文の引用がある。法令の枠内をこえる校則が作成されることはない。また、国や州、教育委員会の政策実現のための校則でもあるゆえに、関係文書の引用もある。明治六年の文部省正定「小学生徒心得」から出発していて儒教の影響があり、未だに明確な法的根拠はない日本の校則とは書きぶりが異なる。法治主義より徳治主義にもとづいているかと思われるところがある。米仏の両国でどのような規定が存在し、いかに生徒(だけでなく学校関係者)の権利を保障するものとなっているかという観点から読み解いて実態を明らかにしていくことを本章の目的とする。

2　アメリカにおける生徒規則(校則)

アメリカにおける生徒規則に関する規定

アメリカ合衆国では教育は州の権限で行われるというのが原則である。州ごとに教育に関する法律が異なる。州、学区に教育委員会が設置されて、規則や方針が示される。州によって例えばカリキュラムが違うということもありえる。多くの学区や学校は生徒の権利と責任などを定めたハンドブックなどを作成している。その内容について、主としてアメリカ合衆国の大都市の一つであるイリノイ州シカゴの公立学校のものをとりあげて分析し、その特徴などを述べることを試みる。なお、これから述べることは他の州や学区における校則にも多くあてはまることとはいえるが、さらなる検討は今後の課題とさせていただきたい。

シカゴ教育委員会は「生徒の権利と責任に関するブックレット」(Chicago Public Schools 2021)というブックレットを作成している。同規則は「この枠内で学校は規則をつくることできる」と述べていて、イリノイ州法やシカゴ教育委員会が出す規則、政策文書とともに、各学校に影響を与えることは想像に難くない。

同ブックレットは、まず「生徒の行為規範(code of conduct)」は「学校が安全で、成長のためとなり、参加でき、創造的な学習環境を保持するためにある」と述べている。そして、「学習時間を最大化すること。ポジティブな行動を促進すること」を強調する。

生徒、保護者、学校職員、学校管理者それぞれに権利と責任があることを明記している。生徒の権利は以下の項目に分けられている(番号は大津による、以下同じ)。

①　無償で質の高い公教育を受けること。
②　学校において安全であること。
③　公正に、礼儀をもって、尊重されて扱われること。
④　学校長あるいは職員に解決をもとめて不服や問題を伝えること。

⑤（懲戒の）結果をうける前に弁明をすること。
⑥口頭または書面で懲戒行為についての理由を知らされること。
⑦懲戒行為について、上訴することに関する情報を与えられること。
⑧意見を表明し、主義を主張し、問題を議論するために集まり、平穏に責任をもってデモに参加すること。

①—④は安全に教育を受ける権利の保障およびその周辺事項とまとめられる。⑤—⑦は懲戒処分に関する手続き的な権利、⑧は表現の自由などに関する市民的権利といえる。あくまで将来の進学や就業準備のために必要な学力を身に着けるための規定であり、そのために安全な環境で教育を受ける権利が保障されるべきとなる。学校の雰囲気（climate）の保持もよく強調される。いじめ（bullying）やハラスメントがない、よりよい雰囲気、環境が求められる。

なお、いじめに関しては同規則では以下のように定義されている。

生徒にむけられた身体的なあるいは言葉による行動（書くことやネット上のコミュニケーションを含む）行動であり、以下の条件をすべて満たすもの。
①いじめる行動をする生徒と被害にあう生徒の間に（自覚された、あるいは観察できる）力関係があること。
②行動は重大であり、広がりをもつ（複数回繰り返される）こと。あるいは行動が繰り返さ

れがちなこと。いじめはしばしば継続的であるが、一度であってもそれが重大で、ほかの条件を満たしていればいじめとなりうる。

③ 行動をする生徒の意図が、被害にあう生徒にとって身体的、感情的な害を引き起こすこと。

④ 行動が以下の一つまたはそれ以上の結果をもたらすこと。

a 生徒自身、あるいは生徒の財産にたいして合理的な危害の恐れを生じさせること。

b 生徒の身体的あるいは精神的な健康に明白に悪影響を与えること。

c 生徒の学業成績に明白な妨げとなること。

d 生徒が参加することや、学校から提供されるサービス、活動、特権をうける利益を妨げること。

いじめに関しても「生徒の学業の妨げ、学校活動の妨げになること」が定義に含まれている。被害者の教育をうける権利の侵害になっていないかを考慮しているといえる。

懲戒処分を行う際の手続き的権利に関しては、アメリカの校則は極めて詳細である。停学処分を科すことは生徒の教育をうける権利を一時的に剝奪することであるから、告知と聴聞は必須であり、しかもかなり厳格な手続きが求められている(大津　二〇二一)。

市民的権利に関して、アメリカの連邦最高裁は一九六九年のティンカー事件(393 U.S. 503)においで、ベトナム戦争の戦死者を悼むことを意味する黒い腕章の校内での着用を「生徒あるいは教師は言論・表現の自由という憲法上の権利を校門で捨てるということはできない」ことを理由に認めている。それは時には校則に引用されることがある。アメリカの生徒規則は学校内での生徒の市民的自由を保障する。

アメリカの生徒規則は権利(rights)について明確に書いているといえる。さらに、権利と特権(privilege)を区別して書いている。安全な環境で教育を受けるのはすべての生徒に適用される権利であるが、例えば、「部活動(extracurricular activities)に参加する」「インターネットを利用すること」などが、許可を得た一部のものだけに認められる「特権」として明記される。アメリカの学校では部活動に参加するには成績などの要件が課されることがある。

保護者の権利としては、次の通り挙げられている。①子どもの教育に積極的にかかわれること。②校長、教師、職員から公平に尊重をもって接されること。③シカゴ教育委員会の政策や手続きの情報にアクセスできること。④もし子どもに不適切なあるいは破壊的な行動があって懲戒処分をうけるときは迅速に知らされること、懲戒の結果を知らされること。⑤懲戒行為に異議をとなえること。⑥子どもの成績、行動の進歩について情報を得ること。

このように子どもの教育にかかわること、その前提として情報入手(成績、懲戒処分についてなど)にかかわる内容が権利として明記されている。

学校職員の権利としては、次の通りである。①安全に秩序だった環境で働くこと。②礼儀正しく敬意をもって接される。③学校管理者、ネットワーク、学区の部局に不服や懸念を申し立てられる。④有益な職能開発の機会や資源をうけとることができる。

生徒、保護者、教職員すべてが権利の主体者として、学校の構成員として適切な対応をうける権利があると明記されている。権利の対語としておかれているものは責任(responsibilities)である。学校関係者がそれぞれ「適切な対応をうける権利」があるということは、互いに「適切な対応をする責任」があることが導かれる。

生徒の責任として掲げられているのは、以下の通りである。

①この冊子の方針を読み、理解しておくこと。
②毎日出席し、授業の準備をし、自分の能力でできるかぎり授業と宿題をやりとげること。
③学校の規則および校長、教師、他の職員からの指示を知り、従うこと。
④学校内、登下校中、学校コミュニティにおいて、危険な行為やいじめを見かけたら学校職員に伝えること。
⑤学校には許可されているものだけ持ってくること。
⑥学校コミュニティのなかでみんなに敬意をもって接すること。
⑦学校、コミュニティ、他者の財産を尊重すること。

①③で規則を知っておくこと、③でそれを遵守することがいわれる。②で学習する責任が書かれる。学校コミュニティにかかわることとして、④でいじめへの対処、⑤で危険物などの所

持禁止、⑥で敬意をもってみんなに接する、⑦で財産を破壊しないことがいわれる。

保護者の責任としては、①規則を読んでおくこと、②子どもを遅刻することなく規則的に出席させること、③欠席の場合は事前に連絡すること、④現在の連絡先を正確に知らせること、⑤不服があるときも敬意をもって時宜を得て伝えること、⑥子どもの学習や行動について校長や教職員とともに努力すること、⑦家庭での学習や活動をサポートすること、⑧教職員、他の生徒に敬意をもち礼儀正しく接すること、⑨他の生徒のプライバシーを尊重すること、である。

教職員の責任としては、すべての生徒に行動の規範を明確に教えること、改めて説明すること、および模範を示すこと、校舎のあらゆる範囲を管理し、よい方向にむけて使用すること、学習活動の機会を提供し、中断する可能性を最小限にすること、などである。

校長などの責任としては、学校安全のために予防策の実行状況を監視すること、学校規律の改善案を準備すること、効果的な学校規律のガイドラインを作成することなどが書かれている。

いずれも子どもの学力向上にかかわること、他の生徒、教職員との円滑な関係を保持するためのものである。それは、他にも校則において、欠席の場合の手続きが厳格に定められていることや、停学処分に厳格な手続きを要求していること、学校の雰囲気を重視する文言がよく登場することにもうかがわれる。

シカゴの規定は特記事項を置いている。それらについて述べると、服装規定(dress code)に関しては、シカゴではジェンダー中立の原則を述べるにとどめている。それ以上のことは、地方あるいは学校で決められることとなる。制服に関しては、定めない学校のほうが多い。「偏見に基づいた、差別的な行動」やそれに基づくいじめは禁止される。

　憲法・法令に関しては合衆国憲法修正第一条（表現の自由、信教の自由などを定める）、およびタイトルⅥ（人種、皮膚の色、国籍による差別の禁止）、タイトルⅨ（性差別の禁止）に言及があり、委員会が定めた「包括的反差別、セクシュアル・ハラスメント、性的不品行に関する方針」に一致した内容とすべきことを述べている。他にも例えばシカゴ教育委員会規則に体罰禁止規定があることに言及しているなど、イリノイ州教育法、教育委員会の規則・方針に合致させている。

　次いで、生徒にとっての不適切な行動を一―六段階にグループ分けして、それに対する「ありうる処置」を述べている。第一グループは「学校内で過度な騒音を出す」「許可なく教室から抜け出す」などで、「放課後居残り」などの処置となる。第六グループは「火器、破壊するためなどの武器（武器にみえるもの）を所持し、あるいは使用すること」であり、「退学へむけての聴聞などの処置」となる。「いじめ」は第三グループであり、ありうる処置としては「教育的、矯正的、修復的措置」、「居残り」や「三日以内の学校内停学」などが明記されている。事情に応じた対応ができるように、ありうる処置の幅は持たせてあり、「不適切な行動」とそれに対する処置をあらかじめ明記している。「罪刑法定主義」の精神を学校においてもつらぬいているといえる。

アメリカの校則の実態について

それでは、これらの規則を踏まえてどのような校則が定められているのであろうか。以下に、論点を絞ってみていくこととする。

①　生徒の権利と責任について

ある学校の生徒規則の例（Noble Schools 2021）をあげると、生徒が有する権利と責任として、以下の事項を挙げている。それは、既に触れたシカゴ教育委員会の規則を反映して作成されているのは明らかである。

- 感情的、身体的、精神的に安全であること。
- 他の生徒、教職員から個人として尊重され、礼儀正しく敬意をもって接されること。
- 教職員、他の生徒および財産を尊重すること。
- あらゆる学校活動において、人種、宗教、宗教的実践、性、性的指向、ジェンダー、ジェンダーアイデンティティ、国籍、民族集団、政治的な参加、年齢、家族の地位、障害にかかわりなく同等に参加すること。
- 能力を最大限発揮できるように毎日通学し、必要な授業の準備や宿題についてサポートをうけること。
- 教職員に、学習環境や自分が教育をうけることに関して影響をあたえる問題については知らせること。

・自分の行動の決定や結果については、学校職員に自分の主張をすること。

「毎日通学」とあるが、欠席が認められる場合は「病気、通院、宗教上の祝日、予約された大学訪問、近親者の死亡、証明できる家族の緊急事態」と明記されていて、保護者は授業がはじまるまえに連絡する義務を負う。「遅刻・早退」に関しても認められる場合が明記され、「生徒はできなかった学習の埋め合わせをしなければならない」とある。病気などで医者が認めた場合は「家庭に基盤をおく教育」がありうることも記されている。学校によってはさぼり(truant)が多い生徒にはその日数に応じての対応がなされる。ある学校では五日、一〇日、一五日欠席ごとに連絡がいき、二〇日欠席すると停学までありうることが規定されている(Latino Youth High School 2017)。生徒の「教育をうける権利の保障」のために、欠席や遅刻・早退に関しては厳格な規定がおかれている。

②　生徒の身だしなみ(服装)に関して

ある高校の例(Northside College Preparatory High School 2018)をあげると、「服装規定：生徒は学校の環境に適切な服装でなければなりません。個々人の服装、外見、清潔さは他者の尊重への感度を示します。教育委員会の方針で猥褻や挑発的な文字の示された服装は禁止されます。時には懲戒もともないます」と大枠を述べたうえで、禁止事項の例としては、以下のものを挙げている。

- 肩をおおわないシャツ、トップス
- シースルー、胸元の大きくあいたシャツ、トップス
- 極端に短いスカート、ドレス、ショートパンツ
- 下着を露出するもの

多くの学校で、猥褻や人種差別的表現、極端な露出は「学習の場にふさわしくない」「敬意を欠く」として禁止されている。「自己表現」にかかわるものとして、ヘアスタイルのほかタトゥー、宝石、靴下、ピアスなどのアクセサリーに関しては個人やアイデンティティの表現としては問題ないとされる。ただし、「猥褻、性的に下品な表現」「ドラッグ、アルコール、タバコ、暴力、犯罪行為を誘発する表現」などは学校では認められない。

タトゥーなどに関してある高校（Acero Schools 2020）では、「学校ではボディーピアスやタトゥーは服などで覆い、見えないようにすること」とある。通常の服装で直接見えない箇所であれば学校にとって禁止する必要はないわけで、学習環境を守るために最小限の規制にするようにしているといえる。「禁止されるタトゥーであるかは、学校職員が判断する」など、判断が難しいことが生じるときに、判断権者を明記している場合もある。明確なルールを定めてトラブルにならないようにする工夫といえる。

学校内における宗教上の表現については、「合衆国憲法修正第一条が保障する宗教的実践の表現や宗教にもとづいた外見を自由に表現する権利を妨げるものではない」と寛容に認められ

ている。あくまで、憲法上の権利は学校で制限されることはないことは、既に触れたティンカー判決も述べている通りである。

服装に関しては、制服(uniform)を定めている学校は、最近増加しているものの全米で二割程度である。その場合、「パンツ・スカートはチャコールグレー、ネイビーブルーか黒」「指定されたネクタイ」「靴下は黒、青、グレー」と規定がある場合もある。靴下なども制服の一部という場合には色の指定がされることがある。

③ 生徒規則に関する教育について

アメリカでは社会科系教科に関して教育スタンダードがつくられている。カリキュラムの内容は州や学区によって異なるが、シカゴでは社会科学(国際社会について、合衆国史など)とともに公民科(civics)は必修とされている。そこでは、政治制度や背景となる理論についてだけではなく、市民的な実践(投票、ボランティア、社会を改善しようとする運動など)についても学ぶという特徴がある。「参加」についての学習は、国政への参加だけでなく、学級や学校、近隣、コミュニティや社会のグループ組織への参加を含めてである(NCSS 2013)。

シカゴの政策文書では、市民的参加を教える学習プロセスとして、「学級での討論」「学校ガバナンスへの参加と意思決定への参加」が挙げられている(Chicago Public Schools 2016)。高校の八割程度には、スチューデント・ヴォイス・コミッティー(SVC)が設置されている。それは、学校改善のために生徒と大人が共働する試みである。生徒にとって意思決定過程やリーダーシップを学ぶ機会にもなる。学校だけでなくコミュニティの変革を目指す場合も多い(久保

園　二〇二〇）。ＳＶＣでは週一、二回集まって、一―二時間活動をする。さまざまな学校にかかわる課題について生徒達で分析し、次いでアクションプランを作成したり校長を交えた機会でプレゼンしたりする。その際には校則が話題になることもある（Chicago Public Schools 2022; 古田　二〇二二：二四二―二四三）。「生徒の声」が学校の方針へ影響をあたえる機会を持ち、交渉や熟議をすることが、政治参加にかかわる教育の一環と位置づけられている。

3　フランスにおける校則

フランスの校則に関する規定について

フランス共和国は「単一不可分」であり、全国統一の法律、政令、省令、通達が教育を規定する。校則（Règlement intérieur, 直訳すると「内部規則」）についても共和国の法令のコントロールをうけるのは例外ではない。

現在では、校則に含まれるべき内容は教育法典（R. 421-5）及び通達（2011-112）によって詳細が定められている。教育法典は「校則は教育共同体の構成員の権利と義務を定める。それは市民的振舞いと態度の規則ともなりうる」と述べる。それに続く通達は、校則は「登校時間と下校時間、交通機関を学校前で待つときのルールなど、各学校で決めるべきこと」「教育共同体の構成員が生かすことのできる権利と責務の行使をする条件について、学校のコンテクストに載せて決定すること」という帰結になる規定をしている。すなわち、学校におけるローカルルールおよび、学校という文脈に載せた権利と責務に関する規定である。その内容については、大まかには以下のようにまとめられる。

①　**教育という公役務の原理**

フランスの教育をつらぬく原理（教育の無償、中立、非宗教）のほか、各々の義務として、勤勉、時間厳守、寛容、他者の尊重、機会均等の尊重、男女平等の扱い、あらゆる心理的、身体的、道徳的暴力を行使しないことが挙げられている。大人と生徒の間での「相互の尊重」も明記されている。

②　**学校内の生活規則**

学校の組織（授業開始時刻、休憩時間、学校の器物の使用ルールなど）、学習にかかわること（成績の出し方、評価と通知表、連絡帳、図書館使用のルールなど）、生徒に関すること（遅刻・欠席の管理、外出のルールなど）、学校生活（携帯電話など）が挙げられている。

③　**生徒の権利**

高校では表現、結社、集会、出版の自由が保障される。それらの権利は無制限ではなく「多様性の尊重、中立性の原理、他者の尊重」に基づくべきとされる。

④　**生徒の責務**

教育共同体の構成員の権利と義務を尊重すること。勤勉の義務を果たすこと（教育課程の一部拒否、出席拒否は原則認められない）、他者の尊重、あらゆる暴力を行使しない責務が規定されている。

フランスの校則の実態について

フランスの校則の実態について、以下に論点を絞ってみていくこととする。

① 学校という文脈にのせた生徒の権利と責務について

フランスの高校生の権利に関しては、「表現、結社、集会、出版の自由」が一九九一年政令に定められている。それは同年の高校生の出版（貼紙、学校新聞など）の自由を明記した通達とともに多くの校則で引用される（中学ではこのうち、集会の自由のみ）。

「表現の自由」に関しては、ある高校は「生徒はそのための掲示板に、公益に関する文書を張り出すことができる。ただし、政治や宗教、商業にかかわる貼紙は公教育の中立性の観点から認められない」「あらゆる貼紙をする場合には、校長または代理人に知らせることが必須である」（Lycée Buffon 2021）と定めている。校長が貼紙を許可しない場合は、後日学校管理評議会への報告が必要とされていて、恣意的な禁止はできない制度となっている。

「結社の自由」に関しては、スポーツや文化活動を行うクラブ活動である「高校生の家」を結社することができる。それは一九〇一年結社法に基づいたものであり、現在では一六歳以上の生徒であれば会長、書記、会計の係につくことができ、他の生徒も加入は認められる。

生徒の懲戒・懲戒処分の手続きの保障は生徒の権利保障の一環である。それに関しても校則に明記されている。重大な懲戒処分の場合は「懲戒評議会」が開かれ、そのメンバーは校長、教員、生徒指導専門員など教員九名、生徒代表三名、親代表二名の合計一四名である。採決をとるときは、校長の一票も生徒代表の一票も同じ一票とカウントされる。

学校という文脈にのせた生徒の責務としては、よく書かれるのは「勤勉」である。ある校則では「勤勉であるという責務は、一九八九年七月一〇日の教育基本法第一〇条に規定されている。……登録している必修および選択の教育を課す。……意図的な欠席は懲戒処分の対象となる。遅刻することは学校全体に迷惑となることであり、時間厳守が求められる」(Lycée Buffon 2021)とある。欠席が認められる理由としては、「病気、家族の感染症(医師の証明が必要)、家族の重大な集まり、一時的な法的な保護者の不在、急なアクシデントで伝言が困難になった場合、宗教的な祭日、一六歳から一八歳の生徒が国防・市民性の日に出席して話を聞く時」と校則に列挙されている。遅刻に関しては「八時三〇分から一四時まで正門は閉められる。一五分以上遅れると授業出席は認められない」(Lycée Buffon 2021)と定めている。

授業欠席に関しては、体調不良のときあるいは身体的事由で医者が認める場合には体育授業の欠席は認められる。しかし、例えば宗教上の事由で欠席が認められることは原則ない。

② 服装、所持品の規定

服装などに関して「宗教を誇示するもの」以外に関して法的規制はない。宗教を誇示するものとして、例をあげるとキリスト教の十字架の大きなペンダント、ユダヤ教のキッパ(帽子)、イスラーム教のスカーフは学校内での着用は禁止される。

校則を読んでも宗教に関すること以外の規制をおいていないところもある。「きちんとした服装で」とのみ書いてあることがある。その場合、なにが「きちんとした」となるのかが問題になりうる。学校によってはキャスケット帽、破れたあるいは穴のあいたズボン、ショートパンツ、ジョギングウェア（体育の時間を除く）などが禁止項目にはいっていることもある。どうしてジョギングウェアで授業に出席してはならないかというと、「良識、常識に反するもの」ということにならざるをえない。何が「良識、常識」になるかは明文化できないこともあるという判断であろう。

所持品の規制に関して、法律（教育法典 L. 511-3）は、「幼稚園、小学校、中学校における携帯電話、他の電子通信機器の使用は禁止される。……教育的使用などの例外に関しては校則で定める」をうけて、中学の校則では携帯電話の禁止規定をおいている。危険物（武器、ナイフ、マッチ、ライターなど）の所持は禁止される。音楽再生機器（ＭＰ３プレーヤー、ポータブルＣＤプレーヤーなど）の禁止は特に中学では書かれていることが多い。高校では「貴重品（宝石、鍵、ＭＰ３プレーヤーなど）の所持は生徒の責任である」と自己の責任による所持の自由が明記されていることが多い。

基本的には法律に基づいた記述がなされ、それに加えてパターナリズム的（例えば紛失の危険がある以上貴重品の持ち込みは禁止するなど）な規定があるといえる。

校則に関する教育について

フランスの中学では社会科系教科として、「歴史、地理、道徳・市民」が置かれている。そのなかで道徳・市民科は、市民としてのもつべき道徳を教える、共和国の価値を教える時間として位置づけられている。

中学一年生むけのある「歴史、地理、道徳・市民」科教科書（Adamski et al. 2016）などを手掛かりに、入学したばかりの中学一年生に対して校則についてどのような学習が行われているかをみることとする。

最初に「中学」それ自体について学ぶ。中学とは価値観や家庭環境などを異にするものが「共に生きる」場であり、教育をうける権利が保障される場である。中学では小学校とは異なり、各クラスで生徒代表を二名選出することが法定されている。中学は「民主主義の習得の場」という位置づけをうける。クラス代表の二名が集結して「代表の代表」が選出される（中学では三名、高校では五名）。「代表の代表」が学校管理評議会に参加する。学校管理評議会は校長が主催し、教職員代表、地域代表、生徒代表、親代表など約三〇名で構成されるが、校則のほかにも予算、決算、学校教育計画の策定など広範な権限を持つ。そういったことは中学に入学すると担任や歴史・地理担当の教師、生徒指導専門員から説明をうける。

生徒代表の役割、選挙運動や段取りについての説明もなされる。代表となった人は学級評議会の前にクラスの意見を集約することなどの役割が求められる。「共に生きる」ための規則としての校則である。「どうして、校則によって、よりよい共同生活が送れるようになるのか？」という問いが投げかけられる。

フランスの中学修了試験では、校則が出題されたこともある（大津　二〇二一）。校則に関する文書が提示されてそれに基づいて答える問題がでたあとに、「あなたは小学五年生（フランスでは最高学年)を中学に迎えます。小学生はあなたに「校則について知っていることは、大事なことではない」といいます。あなたは彼に「校則の良いところ、知っておくことの必要性」を説明してください」という記述問題が出題された。校則の意味や内容についての理解が求められる。解答例としては、以下のようになる。[1]

まず、校則は必要です。なぜなら校則は学校共同体構成員(生徒、教師など)の権利と義務を規定しているからです。それは学校の規則と原理を決めています。例えば勤勉という責務、保護者の情報への権利、「共に生きる」という原理。

校則は学校組織に必要なことを定めています。生徒の登下校の時間を時間厳守という観点からも定めています。危険や法律違反を避けるためのある種の物(武器など)の使用禁止などです。

結局、校則は必要なのです。もし責務に関する規則を守らなかったら、その行為の重大さに応じて懲戒をうけるかもしれません。懲戒については校則に書かなければならないことです。すべての生徒は違反した場合は、非難や懲戒処分をうけることを知らなければなりません。

4　まとめにかえて

アメリカ・フランスの校則(生徒規則)ともに市民的自由の規定が含まれており、相互の人権の尊重にかかわる規則であること、規則は民主的に決めるものという観念を含んでいる。校則が市民性教育の教材ともなっているところから、学校内の市民的自由を保護する規定であることが見て取れる。学校で育成されるべきなのは「市民」なのか「人間」なのか。仏米ともに「市民の育成」が強調されているが、日本は人間の育成のための学校という観念がある。アメリカはフランスより生徒指導にかかわる規定(人間教育に関与する)が多く、米は仏日の中間と位置づけることは可能であろう。そして、それが校則などに反映されていると考える。すなわち、フランスは「市民として持つべき資質」の育成に公教育の役割が限定されているのに対し、日本は「人格を全面的に発達させる」ことまでが公教育のめざすべき射程となっている。

服装についてみると、フランスの学校はほとんどが私服である。「きちんとした服装で」などと規定されているのみである。ただし、宗教を誇示する服装(イスラーム教を示すスカーフなど)は法律が存在することもあり厳格に禁止される。アメリカは私服の学校が多いが、生徒の表現の自由として服装の自由は認められている。ただし、表現の自由は無制限なものではなく、人種差別表現や猥褻表現、極端な露出などは禁止される。制服が定められている学校は少数ではあるが「パンツ・スカートの色」から「靴下の色」が指定されることもある。色が指定されるのは、制服とその一部と考えられている場合のみである。日本は制服を定める学校が多いが、学校によってはセーターや靴下の色まで指定があったり、「華美でない」などの規定が存在することがある。学習の場にふさわしい着用を求めるというよりは、服装に関するルールを守らせることが自己目的化しているという学校もあるかと思われる。

生徒の懲戒処分に関しては、アメリカ・フランスともに規定が詳細である。特に、アメリカの懲戒手続きに関しては刑事処罰と同じ程度かと思われるくらいの手続きが要求されている。米仏ともに刑事処罰の場合とパラレルに考えられるように(罪刑法定主義の援用、手続きの遵守など)実施されている。一方、日本では校則に懲戒処分に関することが全く書いていないことが多く、実際に処分(公立中学では訓告、高校では加えて停学・退学)が発動されるのは特に中学ではごくわずかとなる。出席停止の措置がとられる件数も近年減少傾向にある(文部科学省　二〇二一)。

日本の校則は法的な根拠のあるものではない。通常、明治時代(一八七三年)の文部省「小学生徒心得」に起源をもつとされ、今日に至るまで多くの学校が「生徒心得」の文言を使用している。あくまで「心得」であって、学習や学校生活にあたっての心構えを規定することやしつけにかかわることが、今日においても残っている。もちろん、「心構え」の規定が必要な場合もあるが、それですべての問題が解決できるわけではない。

一方で、米仏においては生徒や学校構成員の権利についての記述があるのが当然である。構成員の権利保障が規定され、他の法律や国(州、学区)の政令、教育委員会規則などとの一貫性もとられている。また、生徒の教育を受ける権利の保障と連なることである、生徒に学力をつけるためのことを意識した規定が多くある。

校則についての学習に関して、中学校社会科や道徳科の学習指導要領に「きまり」が登場することはある。しかし、社会科教科書（中学、公民的分野）の当該箇所をみると「きまり」については「体育館を複数の部活動が使用する場合、きまりをどのように決めるのがよいか」など学校のルールが問題としてとりあげられることはあるが、校則や生徒心得そのものを問題にしようとする教科書は主要なもののなかにはない。道徳や特別活動（学級会・生徒会）を含めても、生徒自身にとっても最も身近な「きまり」であるはずの校則についての学校や学級で問題にすることが盛んとはいえないであろう。次いで、生徒の声を集約する経路も十分にできているとはいえないであろう。

校則の改正手続きに関しては、特にフランスは学校管理評議会に決定権があると法令に明記されている。日本の「校則の見直し」は文部科学省や教育委員会から通知などがいく場合がある。それは一九九〇年代においても同様であったが、誘導や説得が行われている（児山　二〇〇一）もののあくまで校則の制定権は学校（校長）にあり、強制力を伴うものではない。本稿執筆時において「校則の見直し」が進行中であるが、不徹底なものに終わらせないためにも、フランスのように校則を法令上の位置づけとして、含むべき内容も明文化してその内容に従うことを義務付けるということも考えられるのではないか。例えば、「校則の見直し」の基準として神戸市教育委員会は、「さまざまな文化や性の多様性への配慮がないもの」「健康上の配慮がないもの」「その他合理的な説明が難しいと思われるもの」を挙げている。全国的な統一基準をつくることも考えられるのではないか。もちろん、教育委員会による地方自治や学校の自治がないがしろにされてはならない。

米仏の動向をみるのは、日本の校則のあり方を相対化してみるために有益と考える。

注

（1）インターネット上の記事（https://www.youscribe.com/BookReader/Index/2964369/documentId=3289313 最終確認二〇二二年三月六日）をもとに大津が作成した。

文献

Acero Schools, 2020, Student Handbook 2020-2021.
Adamski, L., et al., 2016, *Histoire Géographie Enseignement Moral et Civique 6e*, Nathan.
Chicago Public Schools, 2016, Ready to Engage.
Chicago Public Schools, 2021, Chicago Public School Student Rights & Responsibilities Booklet (including the SCC).
Chicago Public Schools, 2022, Student Voice Committees.
Ferguson, M., 2016, "Academic emphasis may not be enough for Americans", *Phi Delta Kappan*, v. 98, n. 1.
古田雄一、二〇二一『現代アメリカ貧困地域の市民性教育改革——教室・学校・地域の連関の創造』東信堂。
児山正史、二〇〇一「校則見直しに対する文部省・教育委員会の影響（1）　公共サービスにおける利用者の自由」『人文社会論叢　社会科学篇』第六巻。
久保園梓、二〇二〇「アメリカ市民性教育における「子どもの声」を重視した学校改革カリキュラムの構造」『明日へ翔ぶ　5——人文社会学の新視点』風間書房。
Latino Youth High School, 2017, Parent and Student Handbook.
Lycée Buffon, 2021, Règlement intérieur.
文部科学省、二〇二二「令和二年度　児童生徒の問題行動・不登校等生徒指導上の諸問題に関する調査結果について（通知）」。
NCSS (National Council for the Social Studies), 2013, C3 Framework for social studies state standards, NCSS, 2013.
Noble Schools, 2021, Student and Parent Handbook 2021-2022.
Northside College Preparatory High School, 2018, 2018-2019 Student Handbook and Calendar.
大津尚志、二〇二一『校則を考える――歴史・現状・国際比較』晃洋書房。
大津尚志、二〇二三（掲載予定）「米仏におけるいじめ防止対策に関する立法動向」『日本教育法学会年報』五二。
世取山洋介、二〇二一「第1条（教育の目的）」日本教育法学会編『コンメンタール教育基本法』学陽書房。

第8章　校則をめぐる闘争のゆくえ

山本宏樹

1　現　状

「ブラック校則」問題の推移

二〇一七年九月の黒髪染髪訴訟を契機として「ブラック校則」を追放しようという気運が高まりを見せている。ここでいう「ブラック校則」とは「一般社会から見れば明らかにおかしい校則や生徒心得、学校独自ルールなどの総称[1]」である。

訴訟は大阪府の公立高校に通う女子生徒が生まれつき茶色の髪を黒く染めるよう何度も強要され精神的苦痛を受けたとして、大阪府を相手に損害賠償訴訟を起こしたものである。報道によれば、女子生徒は四日に一度の頻度で注意を受け、文化祭や修学旅行への参加も拒否されたことで、過呼吸症状となって不登校を余儀なくされたという。本件に対しては、ツイッターなどのSNSで人権侵害との批判が相次ぎ、英BBC放送や米『TIME』誌など海外メディアにも取り上げられるなど大きな社会的反響があった[2]。

事件を受けて、同年一二月には評論家の荻上チキらの手によって「「ブラック校則をなくそう！」プロジェクト」が発足。同プロジェクトによる「三人に二人が中学時代、二人に一人が高校時代に〝ブラック校則〟を経験している[3]」等の調査結果は国会でも取り上げられ、林芳正文科相(当時)から「(校則は)絶えず積極的に見直す必要がある」「児童生徒や保護者が何らかの形で参加した上で決定するということが望ましい」という答弁が引き出された[4]。

そうした動きのなかで、訴訟の舞台となった大阪府では、同年四月の段階で四割の学校で校則や内規の見直しがされた。同年九月には、文部科学省から全国の教育委員会などに対し、通学時の荷物の重量などに配慮するよう求める通知が出され[5]、これによって「ブラック校則」の一例となっていた「置き勉」(教科書などを教室に置いて帰宅すること)の禁止見直しが全国的に進展した。

二〇一八年に燎原の火のごとく広がった不適切校則へのレジスタンス運動であったが、二〇一九年に入るとバックラッシュも見受けられた。同年一月には、東京都町田市の高校で五〇代の男性教師が校則指導をめぐって生徒と口論になり、男子生徒を殴る様子を撮影した動画がツイッターに投稿された。動画は授業中の廊下という衆人環視の状況での教師による一方的な暴行場面を撮影したものであったが、生徒側の挑発的で侮辱的な態度に教師が逆上する顚末が記録されており、別の生徒が面白半分にそれを撮影しSNSに投稿したという経緯もあって、ネット上では教師に対する同情が集まった[6]。

筆者は、二〇一九年初頭のこうした動きを受けて「改革の好ましい流れは、残念ながらこのままでは長続きしないだろう」との懸念を表した(山本　二〇一九)。なぜなら、前回、校則改革が盛り上がりを見せた三〇年前がそうだったからである。

一九八〇年代前半の学校では生徒の校内暴力に対して教職員が「校則・体罰・内申点」を武器に対峙するという光景が見られ、「丸刈り」「バイク禁止」等をめぐる法廷闘争も激化した。日弁連や日教組、主要メディアは管理教育に反対していたが、裁判所が合憲判断を行ったこともあって文部省は校則改革に熱心ではなかったように見受けられる。

そうした流れが変わったのは一九八八年であろう。児山正史が指摘しているとおり、外見校則に違反した生徒四人の写真を卒業アルバムから外して花壇の写真と差し替えた「清水二中卒業アルバム事件」が注目されたのを機に、文部省が重い腰を上げて校則等の見直しに乗り出したのである。実際、児山が全国の公立中高七〇校に対して行った調査によると、九〇年頃を転機として、中学男子の「短髪」や「丸刈り」、中学女子の「形の規定」が減少し「中学生らしい髪型」という記載が増加するなどの変化が見られたという(児山　二〇〇二)。

その後は、児童生徒への共感的対応を重視する「教師のカウンセリング・マインド」路線もあって厳格な規律指導を忌避する傾向が続いたように見受けられるが、九〇年代後半以降の「少年凶悪事件」の続発のなかで、二〇〇〇年代以降に少年法厳罰化や教育基本法改正などと連動する形でバックラッシュが進行したと筆者は見ている。(7)

今回「ブラック校則」と名指された校則は八〇年代に問題化された「丸刈り」や「運動中の

水分補給の禁止」と比べれば「ソフト」(荻上・内田編著　二〇一八：二二六)である。校則の規範囲は膨張と破裂を繰り返しつつ徐々に縮退していることは間違いない。それはこれまでの市民運動が「ハード」な不適切校則を追いつめ、ようやく根絶に近い状況までたどり着いたからに他ならない。

ただ、「ソフト」になったということは、その分だけ問題化が難しくなったということでもある。今回の「ブラック校則」追放運動の燃料になったのは、生来の髪質を変化させる指導や下着の色指定のような明白な人権侵害行為への憤りであるが、その先にある日焼け止めクリーム、置き勉、地毛証明、制服、染髪などの在り方については賛否が分かれており、決定打を欠いたまま「見直し」に二の足を踏んでいるようにも見受けられる。

三〇年前は上からの指示で見直しがなされたが、継続的な見直しが必要であるとの問題意識が根付いたとはいえない。それ以前の校則の歴史も顧みるに、一時的に見直しの気運が高まったとしても、不適切校則はやがて姿形を変えて増殖を再開するのではないか。それが当時の筆者の問題意識であった。

五年後の現状

●校則改革の現状

黒髪染髪訴訟の開始から約五年が経過したが、この間に何が起こったか簡単に振り返ってみたい。まず全国の自治体や学校で校則の見直しに一定の進展が見られたことは確かであろう。

例えば本書第4章で末冨が扱った安田女子中学高等学校の「ルールメイキング」実践は経済産業省「未来の教室」事業のモデル校として全国的に知られた例といえる。

部活動をめぐっても、コロナ禍で運動部員が減少するなかで、規律の緩和が進んでいるようである。例えば高校野球をめぐっては、高野連加盟校を対象とした二〇一八年調査では、部員の頭髪について「丸刈り」と取り決めている学校が八割弱に上っていたが、⑧二〇二二年六月現在「全員丸刈り」は兵庫大会で三割弱、⑨広島大会でも四割程度⑩となっているという。

その一方で、全国の都道府県・主要市区計九九教育委員会のうち、二〇一七年度以降、各学校に校則見直しを求める通知を出したのは三割弱の二八教委にとどまるという調査結果もあり、⑪二〇二一年六月、文部科学省は生徒を含む関係当事者の参加による見直しの意義を改めて周知した。⑫

見直し内容についてはどうだろうか。東京都教育委員会によれば、二〇二二年三月の時点で全廃されたのはあくまでも「生来の髪を一律に黒色に染色」「ツーブロック禁止」「下着の色の指定に関する指導」などであって、「頭髪に関する届出(任意)の提出」(いわゆる「地毛証明」)などは一部の学校で維持されるなど、⑬異論の余地の少ない「ブラック校則」を刈り取るだけに留まっている感がある。

学校独自の校則見直し例を見ても「全校生徒に校則見直しのアンケートを実施。生徒の要望を生徒会で議論し、女子は白に限定していたソックスの色を、男子と同じ白・黒・紺に変えたほか、許可制だった冬場の膝掛けを自由化した⑭」、「生徒からの「スクールセーターの着用を許可して欲しい」という提案に対して、生徒会が全生徒と全保護者にアンケート調査を実施し、教職員らと審議、最終的な意見を校長に提案し、校長が着用を許可した」（室橋　二〇二二）といった内容である。「数ヶ月かけてセーターの着用のみ許可？」（室橋　二〇二二）などと嘆息する声も聞かれるが、そうした声も理解できる。

誤解のないように言えば、生徒が声を挙げ、校則改正が成ったこと自体が重要な一歩である。生徒と教師が共に校則改革の成功体験を積み上げるなかでより大きな改正の芽も生まれよう。だが、生徒も教師も一つの学校に居られる年限には限度があり、盛り上がった気運はしぼみやすく、蓄積されたノウハウは散逸しやすい。膨大なコストを払ってスモール・サクセスに一喜一憂しているうちに、見直し自体が一時の流行に終わる可能性も十分にある。校則改革の運動が予定調和的で学校にとってほとんど冒険のない、子ども向けアクティブラーニング教材として消費されるだけに終わっている場合も多いのではないか。

●新型コロナウイルス感染症の影響

問題を複雑にしているのが新型コロナウイルス感染症の流行である。二〇二〇年の夏にはマスクが入手困難な市井の状況もあり、マスクの色指定を行おうとした学校に対して批判が集中した[15]。一部の学校では制服が洗濯できず不潔であるとして私服通学になったという（斉藤　二〇二一）。「挨拶は元気よく」といった生活規律もコロナ禍では緩和されているだろう。部活動も長期にわたって活動休止を余儀なくされたことで「ブラック部則」の継承に一定の歯止めがかかり、存続が危ぶまれる状況で無理のある指導が減少している可能性もある。

他方で「新型コロナウイルス感染防止」の大合唱は、社会問題化されつつあった「学級間の往来禁止[16]」「黙食黙掃[17]」「カラオケや遊戯施設への立ち寄り」等に対する追及の声を途絶させる効果も果たした（山本　二〇二〇a）。三ヶ月にわたる一斉臨時休校の余波による授業時間数確保や、コロナ対応による現場の多忙化、学校行事の相次ぐ中止もあり、校則改革の舞台になるであろう生徒会活動も今まで以上に停滞しているように見える。防疫保安要請が教育に優越したことで、「ブラック校則問題」は非日常に迷い込み、日常が回帰した際に何が変わり何が残るか見通しにくくなっているのである（山本　二〇二〇b）。

●黒髪染髪訴訟の顚末

二〇二一年二月には、本章冒頭で挙げた黒髪染髪訴訟の地裁判決が出された。女性側の勝訴であったものの、学校側の違法性が認定されたのは不登校後に学籍簿から氏名を抜き、教室に席も置かなかったという対応に関してであり、頭髪指導の違法性は認められなかった。それどころか、裁判では被告となった高校教員らが女子生徒の出身中学校に問い合わせ「頭髪の色は二年生の夏休み明け頃から茶色になった」旨を確認していたこと、また「原告の頭髪を撮影した写真によっても、原告の頭頂部の毛髪の生え際付近の色が、その先の部分と比較すると黒色に近いと認められること」などが指摘された。判決では「本件高校の教員らは、中学校における頭髪指導の経過や本件高校における頭髪検査の結果等といった合理的な根拠に基づいて、原告の頭髪の生来の色は黒色であると認識していたことが認められる」とされた。女子生徒側は上訴したが、同年一〇月に控訴棄却、翌年六月に上告棄却となって判決が確定している。

今回「ブラック校則」追放運動が大きなうねりとなったのは、本章冒頭で挙げたとおり「生まれつき髪が茶色なのに、教諭らに校則を理由に黒く染めるよう強要されて不登校になった」(産経新聞、二〇一七年一〇月二七日)といった訴訟報道に対して多くの者が義憤を感じたからに他ならない。だが判決はそうした生徒指導があったという事実を退けた形である。

誤解のないように言えば、判決はあくまで本件高校の教員らが「合理的な根拠に基づいて、原告の頭髪の生来の色は黒色であると認識していたこと」を認めたに過ぎず、女子生徒の当時の地毛が何色であったかについては事実認定を差し控えているのであって、女子生徒の主張が虚偽であったなどと判示しているのではない。

また、学校側の不登校対応については違法性が認められており、学校側の執拗な頭髪指導についても、違法とまでは言えないにせよ、教育的合理性が認められない点は多くの論者の指摘するところであって、これらについては批判されて然るべきであろう。

ただ、本件高校の教員らが女子生徒の地毛が茶髪であることを知りながら黒染めを強要したかのような報道は認定事実と異なる。本件訴訟の社会問題化の過程において、当該高校の教員らが誤解に基づく大量の批判にさらされた点は問題があったと言わざるを得ず、教員らの不当に貶められた名誉は回復されなければならないだろう。

今回の顚末は、校則改革をめぐって生徒側の心情や論理のみに寄り添うことの危うさを象徴する一件であるようにも思われる。今後いかにして教員側の心情や論理を汲み取りながら改革を進めていけるかが課題と言えよう。

小　括

このようにして見てみると、前述した「改革の好ましい流れは、残念ながらこのままでは長続きしないだろう」という筆者の二〇一九年三月時点の悲観的な展望は、半分は当たり、半分は外れたと言える。

本書の編者である内田の継続的な活動によって校則改革運動が進展し、グッドプラクティスが蓄積されつつある点は朗報である（河﨑・斉藤・内田編 二〇二一など）。また本書の共著者である末冨らの活躍もあって、こども基本法の制定など、子どもの権利を保障するための制度的基盤の整備が進展したことも大きい。二〇二二年には一二年ぶりに「生徒指導提要」が改訂されたが、そのなかでも子どもの権利が謳われ、校則の見直しの必要性に関する記述が盛り込まれた。同年九月には「ブラック校則」の改善のために、超党派の地方議員が議連を設立したという報もある。学校レベルの校則改革を活性化させる素地は徐々に整いつつあるようにも見える。

他方で校則改革運動がこのまま単なる「ブラック校則撲滅運動」に矮小化される可能性もある。教師中心の校則決定モデルは変わらず、子どもの権利論者が待望するような「子ども中心」へのパラダイムシフトはほとんど起こっていない。校則改革運動がコロナ禍において宙吊りになっている今のうちに論点を整理し今後の策を練るのがよいだろう。

2　分　析

界の理論

改革の火を絶やさぬために、どのようにすればよいか。まずは筆者なりの問題の見取り図を示したい。フランスの社会学者ピエール・ブルデューの理論に基づけば、政治、経済、教育などの社会システムは各々の行為を行うアクターを依代として存立しているのであり、そこには各々の領域に独自のルールや利害関心、社会的地位や資本をもった一群の人々の参与がある。ブルデューはそうした関係論的独自性を有するネットワークの総体を「界」と呼ぶ（Bourdieu & Waquant 1992＝二〇〇二：一三一）[18]。教育界、経済界、芸能界などは「界」の一例であるし、個々の学校にも独自の教師界や生徒界、保護者界がある。

界内部の闘争と界同士の闘争

界には闘争がつきものである。本書でいえば、鈴木による第3章はまさにある中学校の教師界における闘争を活写したものといえる。闘争の在り方は複雑である。第3章ではどのような原理が校則の妥当性原理たりえるかが口々に争われている。「エナメルバッグ禁止」なる校則一つをとっても、ある者は「エナメルバッグは中学生らしくない」という教育界特有の認識を持ち出し、別の者は「エナメルバッグは大きすぎてロッカーに入らないし、自転車事故も誘発する」といった科学的知見を披瀝する。「校則は年度末の新年度対策会議で合議して決めたものであって、年度途中の変更は許されない」といって法的な手続的妥当性に訴求する主張もある。

それに対して「エナメルバッグ」解禁論者たちは「ロッカーに入らないから」説に対して「S字フックで吊せばよい」「サイズが問題なのであれば、エナメルという材質ではなくサイズを禁止基準にすべきだ」等、ある種の科学的コミュニケーションにおいて鍔迫り合おうとするが、結局は生活指導部長の「エナメルバッグ禁止は合議で決めたこと」「足並みを揃えなければ学校が荒れる」という法と教育の二刀流に押し切られて議論は終わる。

つまり界では単一の原理に基づく競争と、複数の原理のいずれが他の原理に優越するかをめぐる闘争が同時に争われているのであって、この中学校の教師界においては生活指導部長の覇権が、その主張や議事進行に異議が差し挟まれることのない程度に強大なのである。

しかし「エナメルバッグで修学旅行に参加しようとした生徒を帰宅させた」という杉山生活指導部長の強硬姿勢にもかかわらず、「保護者の要望」の圧力によって年度途中にもかかわらず「エナメルバッグ」の使用許可の拡大がなされたという事実は興味深い。当該中学校において教師界の自律性は、もはや保護者界の意向を無視できるほど強くないのである。

とはいえ、保護者の要望に基づいてエナメルバッグの使用許可が拡大された後においても、より一層の使用拡大を求めた平野教諭らの要求を棄却することに杉山生活指導部長が成功している点を鑑みると、当該教師界における杉山生活指導部長の覇権はまだまだ健在のようである。

このように筆者は第3章を校則が教師界内外の力学によって変化する様を描いたものとして理解した。

本書各章で描かれた校則実践もまた界の理論で解釈することができる。例えば西倉による第6章では外見が学校の目的にとって関連性を有するか否かが争われているが、それは言い換えれば、子ども界のどの範囲までを学校界が統治するかという領土問題だといえる。子どもがどのような髪型や服装を嗜好するかは消費社会文化の影響下にあるのであって、そこには経済界や芸術界の影響力が色濃く表れ、経済資本や芸術資本を有する者ほど競争に有利となる。他方で学校制服は市場化が進展しておらず、生徒がせいぜい制服を着こなし／着崩すことで卓越化を図ろうとする程度に留まる点において学校文化に従属的である。その意味で外見校則をめぐる闘争は、性的・民族的マイノリティの生徒の学校に対する権利闘争であると同時に、消費社会文化を学校に持ち込もうとする生徒と学校文化の自律性を維持しようとする教員との文化的代理戦争だともいえるのである。

末冨による第4章も、界の理論で読むと異界からの使者である校長補佐が校則制定権を教師界から生徒界へ委譲させようとする試みに見える。委譲がいかに教師と生徒の穏当な相互協力のうちに行われようとも、そこには緊張関係が伏在しているのであって、今後生徒がトラブルを起こせば、教師に校則制定権を召し上げられ、校長補佐もまた解任の憂き目に遭う可能性は残る。校則制定権は生徒にとっても重い十字架になるだろう。例えば「生徒によるステークホルダーの意見尊重」のなかで、教師から「生徒会による校則指導の代行」を求められ、生徒会役員が孤立するといった状況が今後実践上の課題となりえる。

その点において、松田によって第2章で紹介された全国生活指導研究協議会（全生研）が、生徒指導の技術的洗練にとどまらず、学校の支配層である教師たちの教育信念を内在的に改革しようとしてきた点は注目に値する。教師がみずからの役割を「生徒界を自律に至らせるための触媒」として謙抑的に位置づけることは極めて重要といえよう。

校則改正と社会的地位の浮沈

●生徒界における校則改革をめぐる地位変動

校則の自由化は生徒にとって常に有益とも限らない。校則による利益と不利益の配分は個々の生徒によって異なっているからである。例えば、校内の静粛規律を緩和すれば衝動性の高い生徒の学習権は保障されやすくなるが、静穏な学習環境を好む生徒に対しては受忍を要請することになる。携帯電話やタブレット端末の使用を自由化すれば、それを活用して学習効率を高める生徒もいれば、よそ見が増える生徒もいる。授業中にグループチャットが更新され続け、心理的安全を担保するためにチェックせざるを得ないといった場合もあるだろう。いじめによって不登校となった経験を有する中学生が進学先の高校を選択する際に校則の緩い学校をあえて避ける場合もある。学校トラウマを持つ子どもにとっては、たとえ幻想であっても厳格な校則が心理的安全性を担保している場合があるのだろう。

頭髪や服装の自由化はトランスジェンダーや民族的マイノリティの生徒の人権を保障するた

めに重大な意義をもつが、他方で自由化が逆機能を果たす場合もないとはいえない。例えば大津による第7章でも触れられているとおり、フランスでは宗教的服装の着用を禁止する校則をめぐって論争が続いているが、そこでは宗教的服装を強制する保護者から子どもを保護する機能を有する点が服装校則の正当化理由の一つとなっている。また服装の色彩が増すことは色覚に障害のある者の学校適応に不利に働く可能性もあるだろう。

「スクールカースト」の磁場にとらわれた生徒界では、自由を謳歌する権利が不利益に配分される。外見校則が撤廃されても、花柄やブランド物の着用を周囲から承認されるのは一部の特権階級だけであって、それ以外の者が着用すれば待っているのは嘲笑や報復だという場合もある。体育祭の時期に頭髪をチームカラーに染めることが流行し、気乗りしないまま周囲に合わせて髪色を緑色に染めるといった場合もあるだろう。

削りとられた校則の空隙をいかなる秩序が埋めるかは一意に決まらない。子どもは教師だけでなく同級生や家族との関係のなかで闘っている場合があり、「校則の自由化によって弱肉強食の自生的競争や別の抑圧にさらされるくらいなら、窮屈でも教師の支配に服しているほうがマシ」という者はいるだろう。強権的教師が標的にするのは教師界の要請する秩序に沿わない「トラブルメイカー」であって、波風を立てさえしなければ保護を与えられる場合もあるからである。

●教師界における校則改革をめぐる地位変動

教師にとっても「校則をめぐる闘争」は必ずしも生徒との闘争のみを意味しない。厳格な規律を導入することは教師界において強権的教師の発言権を強める効果を果たす。しかも規律遵守の空気が充満した空間では批判の矛先は規律を守らない生徒だけでなく取り締まりになじめない柔和な教員にも向けられる。「○○先生のクラスだけ騒がしい」「○○先生の担任する子どもが規則に従わないので、他の子から苦情が出ている」等の悪評のなかで、なかには転向して校則指導の片棒を率先して担ぐことで教師界内部での名誉回復を図ろうとする教師も現れる。強権的秩序における卓越化競争で負けないために、強権的秩序に対する反対闘争で負けを認めるのである。

例えば一九八五年、修学旅行で禁止されていたヘアドライヤーを使用した岐阜県の男子高校生が学級担任に暴行されて死亡する事件が起こり、体罰の社会問題化の契機となった。罪に問われた学級担任は転任直後の内向的な中堅教員であり、前任校では体罰と無縁であったが、転任後、体罰を日常的に用いる生徒指導部の若手教員らから指導の甘さを非難されていたところに、担任する学級の生徒の校則違反が起こったのだった。担任教師は無言の圧力に耐えきれず、生徒指導部教員の眼前で生徒に対して慣れない暴行を率先して加え、ついに生徒を死に至らしめたのである(藤井　二〇一三：二四、山本　二〇一四)。

逆に学校が規律を緩和して対話的に臨む方向性を取る場合、学校運営の主導権はより柔和な教師に移る。管理主義的な学校で「校則の番人」として活き活きとしていた教員は「子どもの気持ちの機微を理解できない粗雑な教師」と見なされるようになり、教科教員室に籠もりきりになったりする。若手教員の校則改革への支持表明もまた「子どもの権利」保障のための闘争であると同時に、校内で権勢を誇る保守的なベテラン教員からヘゲモニーを奪取するための手段でありえるのだ。

校則改革は「教員とはいかなる存在であるべきか」「何が子どものためになるのか」等に関する自身の信念や振る舞いの正統性をめぐる不断の闘争のひとつであり、「校則の見直し」は個々の教員にとって脅威／チャンスでもある。「校則をめぐる闘争」は、職員室における序列に影響され、また序列を組み替えもするのである。

●校則の進化

校則は学校界の支配権をめぐる闘争の帰結でもあり、またその学校成員の発言力を決定するという意味では闘争の賭け金でもある。例えば長野県の公立高校の制服導入率は五割に過ぎない。全国的に見て極めて珍しい現象であるが、一九六〇年代の学生闘争の結果が今に至るまで維持されたものとされる[19]。さらに、その影響下で育った教員らが一九九〇年代に制服導入校の制服廃止を推進した例がある（宮下　二〇〇四：四七）。このように界のルールは界が自律的であるほど経路依存的に決まるのであって、制服導入率の低さは信州教育界が高度な自律性を有することの証でもある。逆に言えば、西日本を中心に制服導入率が一〇〇％に近い地域も多いが、そうした地域で独立して外見校則に大規模な見直しを行うことは容易ではない[20]。

いずれにせよ学校が荒れはじめると、それを抑え込むことのできる「校則の番人」的な「強い教師」を待望する空気が生まれやすくなる。そのような力学のなかで強権的な教師が職員室のヘゲモニーを握ると校則が増殖を始め、合理性を欠いた奇抜な校則が誕生する。そうした校則が一定の閾値を超えると、見直しの気運が高まり、この際だからと不適切とまでいえない校則にも見直しの手が及ぶかもしれない。しかし、校則を削り取ったあとの空白を弱肉強食の秩序が埋めたり、あるいは生徒が獲得した自由を持て余したりすれば、「自由への闘争」から「自由からの逃走」への反転劇が起こる。こうしてその時代ごとの色彩を取り込みながら、校則は進化するのである(山本　二〇一八b)。

小　括

誤解のないように言えば、筆者は基本的に制服や頭髪の自由化に賛成である。ただし何にせよ校則を変更することがいかなる影響力を行使するかについては想像力が必要であり、一見すると自由化に見える校則改革が、その実ある特定の立場から見た「自由」の促進でしかなかったり、子どもの権利に資するとは必ずしも言えない可能性について、慎重に判断を行うべきとの立場である。校則改革のもたらす影響範囲についてしっかりと理解し、悪影響を防がなければならないのである。

3　提　案

ここまでの議論を踏まえて、今後に向けて提案を行いたい。本書の問いは「誰が、いかにして、いかなる校則を決めるのか」であった。それに対して本書各章では教師、生徒、教育委員会、あるいは司法など、多様なアクターが校則の制定に影響力を行使する道が描かれた。子どもの最善の利益を保障できるのは、果たして誰であり、いかなる校則なのか。本章では各章の内容を踏まえ、教師界、生徒界、法律界、科学界の各界に対して提案する。

教師界

●オルタナティブな学校像の提示

教師は引き続き、重要なアクターとして存在し続けるだろう。それゆえに、なすべき点の第一として「教職専門性の育成」を挙げる。後述のとおり、校則は本質的には学校共同体メンバーの保護や負担免除の装置であって「校則をなくせば自動的に学校が良くなる」といった簡単な話ではない。教職専門性の名のもとに要請されるのは、校則を活用して校則の不要な生徒集団を育てていく力である。この点において、松田による第2章で扱われた全生研の蓄積には学ぶべき点が多いと、まずは言えよう。

他方、集団主義的な色彩の強い全生研実践に対して、近年注目を浴びている世田谷区立桜丘中学校の「校則のない中学校」を対置してみることも有益であるように思われる。西郷孝彦校長のもとで特徴的な学校づくりを行った桜丘中学校の触れ込みは「教員と生徒が語り合いながら、校則や定期テスト、宿題を廃止。服装や髪型、携帯電話の持ち込み、登校時間、廊下での学習、授業中の居眠りも全て自由にした。学校の荒れは収まり、都内有数の進学校になった」[21]というユートピア的なものである。ただそういった状況を現出させるために、ある種の「教育からの撤退」が選択されている点も正確に見ておく必要がある。

それは第一に「学力向上」路線からの大胆な撤退である。桜丘中学校は西郷自身が述べているとおり「塾の邪魔をしない学校」[22]であって、学習面での指導を外注して「居場所」に特化した学校づくりを行っているがゆえに教師と生徒の融和が可能になっている部分を見過ごすべきではない。逆に言えば、学校内の学力格差の是正や低学力層に対する学習支援の優先順位は高くないのであって、教育研究者のなかには批判的なスタンスの者もいるはずである。さらにいえば、世田谷区二八中学校の各校の成績分布を算出したところ、桜丘中学校は五段階評価の五の割合が「世田谷区だけでなく都内全体の中でも突出」しており高校進学に有利であるとの指摘もある[23]。

そうした特色のある学校づくりは、従来、私立学校やフリースクールを中心に試みられてきたのであって、公立中学校では珍しいこともあり学校づくりのモデルとして注目されている部分がある。しかし桜丘中学校に通っている子どもの社会経済的背景(SES)が全国的に見て非常に恵まれていることは容易に推測できるのであって、SESの低い学校で同様の実践が可能かどうかは慎重に試行されるべきであり、「校則改革は校長の心構え次第でなんとかなる」といった誤解はすべきでない。

とはいえ桜丘中学校の実践は啓発的である。西郷が明らかにしているとおり、桜丘中学校にも生徒による授業妨害や軽度のいじめ、対教師暴力はある(西郷　二〇二〇)。それに対して校則と懲戒によって管理するのではなく、膨大な時間と労力をかけて対話によって解決していこうという姿勢は重要である。たとえ実践上において有利な条件があろうとも陰には相当の苦労があるはずであり、だからこそ素晴らしい。桜丘中学校はユートピアとしてではなく、オルタナティブとして評価すべきなのである。

本節では議論のために全生研と桜丘中学校を対置したが、子ども理解の在り方や実践方略には通底する部分も多い。例えば、生徒が授業中にスマホを触ったり、マンガを読んだりといった行動を見せた場合には、両者ともに問答無用で没収したり罰を与えたりするのではなく、生徒と粘り強く対話しようとするだろう。桜丘中学校においては「モデルガンを持ち込んだ生徒に対して、それを頭ごなしに問題化するのではなく試射につきあった」という実践例が挙げられているが、それも第2章で紹介された「他クラスの生徒が授業中に居座った際にルールを守ることのできる妥協点を探った実践」や「生徒と話し込んで心のパイプを通そうとする実践」と通底する部分があるように思われる。

全生研を長らく理論的にリードしてきた竹内常一は、晩年、八〇年代以降の全生研の実践の再構築を「集団づくりのケア的転回」と形容した(竹内 二〇一六)。桜丘中学校の実践は「集団づくり」という点では全生研実践群と大きな差はあれど、「緩やかさ志向」を持った学校づくりという意味では通底する部分が大きいように思われる。いずれもオルタナティブな学校の在り方として学ぶべき点は多かろう。

●教育労働条件の改善

前項のようにして教員の資質・心性について改善を促すことは必要であるが、それだけを論じていても実効性を発揮されにくく、教員に対する不満を煽り、教員のなり手を減らし、問題を悪循環へと導くことになるだろう。教員が多忙で精神的に消耗していればいるほど不適切な校則に依存する危険性が高まるというメカニズムが存在するからである。

すでに有名な話であるが、日本の教員には「世界一多忙」と呼ばれる勤務実態がある。連合総合生活開発研究所の二〇二二年調査によると、教員の勤務日の在校等時間の平均は一一時間二一分であり、民間労働者の平均在社時間(二〇〇七年)である九時間一五分と比べても相当に長いという。文科省調査の二〇一六年度調査でも「過労死ライン」とされる週六〇時間労働超(残業時間月八〇時間超)の状況にある教員が小学校で約三割、中学で約六割に達する。㉔ベネッセ教育総合研究所の二〇一六年調査によると、小中高の教員の平均睡眠時間は六時間を下回っている。

教員の精神的健康に関しても非常に厳しい現状がある。我々が二〇一四年度に行った全国一〇地域の教員調査では、七割以上の教員が「問題をかかえている子どもに手を焼くことがある」と答えている。「自分の教育・指導の効果について疑問や無力感を感じる」と答えた教員も四割を超えており、精神的に疲弊して仕事への熱意を失う「燃え尽き症候群(バーンアウト・シンドローム)」の危険域に達していると判断される教員も四割に上った。この結果は他の七つの教員調査でも確認されている日本の教員の一般的傾向である(山田　二〇一八)。OECD国際教員指導環境調査(TALIS)においても、自己効力感を持つ教員の割合が参加国平均を大きく下回っており、自己研鑽に対する意欲は高い一方、校務に束縛されて研修に参加できていない現状がある。

疲弊や精神的不安は、攻撃性や自己中心性、不寛容や形式主義的志向性など、理想的教員像にとって致命的な欠点を昂進させるということが、社会心理学の各種実験で明らかになっている（山本　二〇一六）。現場の疲弊は校則をめぐる教員の保守性の最大の関数かもしれない。本書第4章で末冨が指摘するとおり、校則改革が教師の心理的安全性を脅かすものであるかぎり、教師の積極的な賛同は得がたい。その意味で本著の編者である内田が校則改革と教育労働環境改善の二つの旗を振っていることは重要なことである。教育労働環境の改善を抜きにして校則問題は語れないのである。

また本書第6章で西倉が指摘しているとおり、外見校則違反それ自体は学校生活にとって必ずしも関連性があるとは言えない。にもかかわらず外見校則違反がなぜ問題になるかといえば、それがより重大な問題行為の徴候と見なされている部分があるからであろう。特に教育困難高校では、入学式前からの徹底した外見指導によって、入学者の何割かを一年次のあいだに自主退学へ追い込む場合がある。多くの教員にとって生徒が授業に非協力的であることは職業アイデンティティの深部を動揺させる事態である。下手をすると対教師暴力に曝される危惧もあり、しかも対教師暴力に曝された場合には「教師の力量不足」とみなされる（内田　二〇一八）。問題行動の予防策として外見を判断基準とした選別を行うことには重大な問題があるが、与えられた労働環境の範囲内で他に名案がないというのが学校側の本音かもしれない。教員側のメンタリティの改革や力量形成のようなソフト面を論じることは必要だが、それを実現するためには、トラブルが発生した際に対話的に対応できるだけの人員配置を行う等、教師の心理的安全に配慮した政策が必要である。学校が荒れないようにするための予防策も重要であるが「万が一、学校が荒れても責められず、誰かが必ず助けてくれる」という安心感もまた教員が望んでいるものではないだろうか。

不適切校則の増加は一見すると学校の強大化に見えるが、実際は弱体化のあらわれに他ならない。強権発動は追い込まれた教師たちが苦しまぎれに手に取ったかれらなりの「負担免除」策なのである。それが真に負担減に結びついているか検証する必要もあるが、そこだけに議論を焦点化して金も時間もかけず教員の心構えで問題を解決しようとする態度は、生徒の実情を弁えずに心構えを説く不適切な校則指導と通底するものであって、脱却せねばなるまい。苛酷な労働環境を改善するなどの正当な方法で教師の過剰負担を軽減しつつ、適切な権利理解と科学的根拠に根ざした教育的コミットメントを推奨していくべきであろう。

生 徒 界

●生徒会活動の再活性化

学校界において教師界と双璧をなす存在である生徒界をめぐっては、どのような策がありえるだろうか。近年注目される「校則づくりへの生徒参加」は、生徒のニーズを汲み取り、校則に正当性を付与する方法であると同時に、生徒自身による学校空間の自主管理によって不適切校則の蔓延防止を図る策でもある。本書第2章で松田が指摘しているとおり、管理主義教育は校則を合理化するだけでは克服できず、子どもたちの自治的空間の創出が必要である。

外見校則をめぐって西倉や福嶋が指摘するとおり、教育の力によって校則の存在理由である差別それ自体を解消していく必要もある。その意味で「包括的セクシュアリティ教育」などに学びながら学校を変革していく道筋も重要である。しかし、現代においてこうした体制を実現するには多大な努力が必要である。第一に「生徒参加」の母体となる生徒会組織が壊滅状態である。千葉市で行われた二〇一六年の調査によると、中学校の生徒会長選挙で競争選挙が成立している中学校は七%しかなかったという(高橋　二〇一七)。多くの学校では教師の立候補要請によってようやく選挙が成り立っている状態であり、不適切校則を監視し、生徒が理不尽な校則や暴力に曝されたときに、一致団結して教師に対抗することなど夢のまた夢という状態である。

「ブラック校則」追放運動のきっかけとなった黒髪染髪訴訟もまた、別の見方をすると、当事者の女子生徒が訴訟という手段でしか問題を解決できなかったということである。周囲にも校則指導に対して憤りを感じる友人や同級生がいたかもしれないが、皆で声をあげるには至らなかったように見える。それもまた生徒会の機能不全の一例といえよう。

問題は、学校現場が多忙化する中で生徒会活動に費やすコストが削減されてきた点にある。この二〇年間、教科教育と部活動が時間数を増加させるなかで、質的にも量的にも後回しにされたのが生徒会活動を含む「特別活動」領域なのである(山本　二〇一七)。

生徒会は管理主義教育体制のなかで危険視され、武装解除を進められてきた経緯もある。生徒会が教職員の労務の下請け機関に成り下がっていたり、生徒総会で採択された校則改正が職員会議で簡単に否決されるなど、生徒の集合的意志決定が軽んじられ無力化されている現状があるのだ。

本書では、末冨による第4章で生徒を主体としたルールメイキングの実践が扱われており、熊本市教育委員会「校則・生徒指導のあり方の見直しに関するガイドライン」(二〇二一年三月)、日本若者協議会「校則見直しガイドライン」(同年一〇月)なども公開されているが、加えて三者協議会、四者協議会といった「開かれた学校づくり」の研究も参考になるはずである㉕。

生徒の異議申し立てに対して門前払いを続ければ、生徒の主体性は萎え、諦念や鬱屈した反発心が残る。それよりも「獲得した自由を適切に使いこなすこと」を条件に解禁してみるのがよいだろう。問題が発生した場合は話し合いや個別指導で対応すればよいし、どうしても問題が解決できない場合は、その経緯を根拠として再度禁止することもできる。校則をめぐって教師と生徒が一進一退を演じるなかで、生徒会活動に活力を取りもどすこと。それこそが「校則のない学校」に到達するための通行手形であろう。

●学校の水平的多様化

前述したとおり、子どもは教師だけでなく家族や同級生との関係のなかで闘っている場合がある。校則改革にあたって、すべての子どものニーズを汲み取ることは難しいため、学校レベルでの棲み分けも視野に入れることが有効であろう。特徴をもった校則のもとに同じ志をもった生徒が集いつつ、必要に応じて合意に基づき校則を変更するという双方向性を視野に入れるという方策である。

服装校則を例に挙げれば、①基本的に自由な私服制学校、②標準服を設定した上で私服の着用も許容する学校、③制服着用を学校の特色として打ちだす学校（ただしある程度の選択肢のバリエーションは確保する）など多様な学校を設置することを通じて、服装に関する特別なニーズをもった全ての子どもに対して学力等にかかわらず十分な選択肢を保障するという考え方である。こうした選択肢の提供は、我々がルッキズムを克服するまでの間の暫定的措置である。ルッキズム克服に至るための必要悪として外見校則がどのような役割を果たしうるかという点も含めて、その改廃を論じることが望ましい。

重要なことは本田由紀のいう「水平的多様化」である。ここでいう「水平的多様化」とは「一元的な上下（垂直的序列化）とも均質性（水平的画一化）とも異なり、互いに質的に異なる様々な存在が、顕著な優劣なく並存している状態」を意味するものであって、「水平的多様化」の中核にある原理は「異質であることの価値を認め、排除を可能な限り抑制すること」にあるという（本田　二〇二〇：二一五）。本田は筆者より校則については緩和に積極的であるようにも思われるが、目指すべき方向性は近い。当然のことながら学校選択制には学校の垂直的序列化を強める機能もあるため（ラバリー　二〇〇〇、Kahlenberg ed. 2003）、教育格差の拡大を招かないように慎重に目配りをしながら、子どもの権利の実質化のために最善の道を探るべきであろう。

法律界

●学校の法化

哲学者Ａ・ゲーレンがかつて指摘したとおり、法や慣習、道徳規範のような制度にはメリットもある。制度はわれわれの自由を奪う悪しき存在と見なされがちだが、逆に秩序や目的を与え、判断や行動の一定程度を自動化することで自由を保障する「負担免除」装置としての側面を持つからである(ゲーレン　一九八五)。

例えば「廊下は右側を歩く」という校則は廊下を走ったり左側を歩いたりする自由を奪う。だがルールを設定しない場合、ぶつかって怪我をしたり歩き方をめぐって喧嘩が起こったりといったトラブルが続発する可能性がある。また一律のルールが存在しない場においては強者に都合の良い形の自生的秩序が生まれやすい。立場の強い者が自由に闊歩する脇を立場の弱い者たちが小さくなって歩くような状況は万人にとって自由とはいえない。

廊下を走ったり左側を歩いたりした場合の罰則を設定しておくことも一理ある。教師ごとに量刑相場が異なれば子どもの間にとまどいや不公平感が生まれるだろうし、問題が起こるたびに職員会議で量刑判断をしていたら他の議題に割く時間がなくなってしまうかもしれない。罰則を事前に明示しておくことで、問題の未然防止につながったり、指導の説明責任を果たしやすくもなる。

「廊下は右側を歩く」という校則を設定することで、廊下を走ったり左側を歩いたりする子どもが目立つことになるが、そこには相応の事情があるはずだ。校則を設定することで節約された生徒指導や救急対応の時間をそうした子どものケアのために配分するのであれば、そこに教育的合理性も見出される。法は「負担免除」ではなく負担の集中投入のための装置として使用することも可能なのである。

このように、法化は人間の有限の持ち時間や思考力を節約し、自動化することのできない、あるいは自動化すべきでない部分に全力を投入するために有効な制度のひとつである。その意味で法は適切に運用されることで安全と繁栄がもたらされる「文明の利器」と言える。

ただ法には重大な副作用がある。ゲーレンの議論に対して、その教え子である哲学者J・ハーバーマスが批判したように、法が制度として社会に浸透し、社会的関係性や行為が法によって構成される「法化」(佐藤　二〇一七)が進展するなかで「自由のための制度」という本来の法の存在意義が歪曲されるのだ(ハーバーマス　一九九九)。

例えば「廊下を走らない」と決めなくても何らトラブルが起きない状況であるのに、校則が惰性で残り続ける場合がある。「廊下では話をしてはならない」といったようにルールを肥大させたり、不合理なルールであるにもかかわらず「ルールだから守れ」と言って子どもに無駄な「負担」を要求する教師も現れる。かれらは必要な労力投入や力量形成までを自己に対して「負担免除」するのである。

人間は有限の存在であるがゆえに、法に順応して思考停止したり、法に対して過剰適応的に縛られたり、法を不法に濫用したりする。それによって、子どもの自由を保障するための法や制度が、気づけば子どもに対して抑圧的・排除的に機能するのである。

ここまでの議論を鑑みた場合、日本国憲法や子どもの権利条約のような法原理に依拠し、人権保障を実質化する方向で「学校の法化」を進めていくという方法はありえる。例えば本書第7章で大津が紹介するシカゴの事例に倣い「生徒の権利／教員の義務」を校則として明記する方法である。「子どもの個性に応じた生徒指導を行うこと」「周知されていない校則によって処罰しないこと」「生徒を頭ごなしに叱らず、意見をしっかり聴きとること」「教育効果の裏付けのない懲罰は用いないこと」などのガイドラインを国や自治体が制定し、子どもの自由や権利に関する適正手続や不可侵聖域の保障を学校に要求する形で校則を活用していくのである。

●校則に関する外部機関の整備

「学校の法化」に実効性を持たせるためには、外部の専門機関が校則について審査し、是正勧告を行うことが有効である。校則をめぐっては、これまで冒頭の染髪訴訟のような損害賠償請求訴訟等を通じてその適法性が検証されてきたが、それでは問題化のハードルが高すぎる。政府が国会に新規法案を提出する際に現行法との整合性について内閣法制局のチェックを受けるのと同じように、校則の制定に際しても事前審査や事後的な相談対応、是正勧告などを行う機関を設置する方法が考えられる。

例えば、二〇一五年の文科省通知[26]以来、性の在り方の多様性を考慮しない服装規程の見直しが各地で進められているが、異装届の提出なしに女子生徒にスラックス着用を認めている学校は四割に留まっており、一位の長野県では八七・八％に達する一方、青森県、愛媛県、岩手県では採用率が一〇％未満であるという[27]。性にまつわる問題は非常にセンシティブであり、生徒から許可願や自由化の申し立てが出されるかどうかにかかわらず、積極的に校則の見直しを進める必要がある。

校則審査と併せて、裁判外紛争解決手続の整備も必要である。前述のとおり、校則裁判によって紛争に決着をつけることはハードルが高すぎ、かえって萎縮を生む。自治体が条例で設置する「子どもの人権オンブズパーソン」（兵庫県川西市・一九九九年等）や、教育委員会の設置する相談センター（大阪府箕面市・二〇〇一年、福岡市・二〇〇五年、東京都・二〇〇九年等）が、すでに裁判所以外の紛争解決手段として一定の評価を得ており、こども家庭庁の創設に合わせ、「子どもコミッショナー」の名称による設置も議論されている。これが実現すれば校則問題にとって非常な前進となる可能性がある。

加えて、二〇一〇年代初頭に「大津市中二いじめ自殺事件」（二〇一一年）、「大阪市立桜宮高校体罰自死事件」（二〇一二年）等が社会問題化するなかで、文科省の対応指針の整備が進み、学校管理下で子どもが重篤な状況に陥った場合等に、自治体に弁護士、研究者、医師等の有識者からなる調査委員会が設置される場合が増加しており、教師の指導の問題性が問われた事案だけで二〇一三年以降、少なくとも二三件に上っている㉘。

とりわけ重要な点は、これらの調査委員会の報告書においては、司法の場合と異なり、教師の懲戒と生徒の自殺の因果関係が認められたり、「生徒指導提要」から逸脱した指導の瑕疵が認められる等、より踏み込んだ判断が示されることが少なくない点である。こうした調査委員会も紛争解決手段として十全に機能しているわけではない。遺族から報告書の事実認定が不十分と指摘される事案もあり、報告書の内容に法的拘束力が存在しないという限界もあるが、校則指導に関する公的審級の一つとして今後もっと活用されてよい。

科学界

●校則をめぐる科学的コミュニケーションの促進

校則問題を解決する第四の方法は、科学界の力を用いるというものである。ブルデューによれば、科学界では科学者たちの繰り広げる「理性をめぐる闘争」によって科学的理性が進歩していくという。科学的真理は多くの場合、賄賂や名声など科学界の外の資本に従属することなく、他の科学者による批判的検証にさらされるなかで真理として承認されるに至る。科学界には科学的理性を規準とした高度な自律性が維持されているのである(Bourdieu 2000＝二〇〇二)。

実際、今回の校則改革運動においても、科学的コミュニケーションが重要な役割を演じていたように思われる。例えば冒頭で紹介した二〇一七年の「置き勉」解禁運動では、保護者が「子どもに体重の一～二割以上の荷物を背負わせることは有害」という科学的エビデンスを根拠にして、子どもの荷物の重量が体重の二五％に達する点を問題化した[29]。

下着の色を白のみに規制する校則の根拠として挙げられることの多い「色物の下着は透けて見えるため」という主張に対し、ランジェリーショップが透けやすさでいえば白が一番透けるという事実を写真付きで論証するといった草の根のレジスタンスも行われ、SNS上で一〇万回以上もリツイートされた[30]。SNS上では学校側の禁止意図には「透けて見えるか否か」だけでなく、雨や汗で濡れて透けた際に清潔感があるか否かといった論点が含まれるといった指摘や、肌の色によって目立つ色は異なるといった反論もあり、それはそれで有益な科学的コミュニケーションになっていたと思われる。

社会学的観点からの指摘も有益である。本書の編者である内田は「旅行届の提出」「友人宅への外泊の禁止」、早帰りの日に午後四時までの外出を禁止する「四時禁」などの細かな「家庭生活のきまり」が家庭や地域の「学校依存」を助長し、学校の多忙化を促進させていると指摘しているが、この指摘は正しい（内田　二〇二二b）。生徒の安全を願う教師の想いは尊いものだが、家庭生活の責任主体はあくまで保護者である。学校は校則を削除したうえで必要に応じて各家庭に対して個別支援を行うのがよいだろう。

制服自由化の反対論拠の一つである「経済格差是正」についても、福嶋による第5章で扱われているとおり実証的な反論の蓄積が見られる。特に「私服の方が高くつくため制服の方が結果的に割安だ」といった主張が必ずしも当てはまらないことを実証的に明らかにしている点は興味深い。

もっとも反論も想定される。例えば、大津による第7章で紹介されたアメリカにおいては、全国的に見て制服採用率は二割程度であるものの、二〇〇〇年代以降の一五年間で六割増となっており、特に貧困地域の学校で顕著という。[31] 特に大津が取り上げたシカゴ教育委員会においては、リベラルかつ多民族的な風土であるにもかかわらず、公立校の制服採用率が八割に達するという調査がある。[32] 理由は複数あるが、やはり経済格差是正の論調は色濃い。学校が生徒界における消費社会化された服装卓越化競争をコントロールしきれない場合、私服に対する出費は増大し、生徒や保護者から制服導入の要望がなされることはありえるのだろう。日本においても学校によって状況は異なるはずであり、福嶋の研究も参照しながら各校で服装校則緩和の影響について見極めるのがよいだろう。

「外見校則を緩和・廃止することで学校が荒れる」という認識は、日本でもアメリカでも根強い。それに対して内田は本書第1章で生徒の私服通学を認めても学校が荒れないという複数のエビデンスを提示しており、鈴木もまた第3章で教師界には「校則を緩和しても生徒が荒れない」という現実を突きつけられても、それを巧妙に回避する認知メカニズムが存在することを指摘している。これらの知見は重要であるが、他方で「校則を緩和すると生徒が荒れる」という言明は必ずしも「目の前の生徒が荒れる」という意味に限らない可能性もある。学校選択が可能な状況下で一つの学校だけ校則を緩和すれば、規則に順応することの困難な子どもを誘引する効果を果たすからである。その意味では、長野県の高校がそうであるように地域レベルで一斉に校則を緩和することや校則を緩和した学校に教職員の加配を行うといったインセンティブ・メカニズムを用意するなどの施策も検討されてよいと思われる。

●校則に関する質の高いエビデンスの蓄積

校則指導の在り方をめぐっては複数の権利がぶつかりあうモラルジレンマ状況が生起しており、原理原則を主張しても埒があかない。その上、校則改革の効果に関する厳密な実証調査を実施することは研究者個人レベルでは困難である。国立教育政策研究所などが音頭をとって無作為比較実験等を行い、校則改正に関するコスト&ベネフィットやリスクについての検証を行うべきである。その際は、校則の変更や新規導入によって、児童生徒の自尊感情や仲間関係の良好さ、学力、授業集中度、生活の質（クオリティ・オブ・ライフ）、教師の負担感や生徒との信頼関係などがどのような影響を被るのか、アンケートやインタビュー、参与観察、実験、その他の量的・質的調査を通じて科学的に検証すべきである。

効果検証にあたっては、校則の有無だけが論点ではない。例えば「遅刻三回で生徒指導、遅刻一〇回で保護者召喚」という内容の段階的規律指導（プログレッシブ・ディシプリン）が採用されているとして、こうした校則の存在自体が問題なのか、それとも、遅刻が続いている生徒の事情をしっかりと聴きとり一緒に解決策を考えていくのではなく、形式的に反省文を書かせたり、罰ゲーム的に居残り掃除をさせたりといった懲罰の内容が問題なのか等々、検証すべき点は多い。

いずれにせよ校則改正のもたらすインパクトについての実態がつかめないままに楽観論・悲観論が飛び交うことになりがちである点は解消されるべきである。本書で複数の論者が指摘しているとおり、学校には校則で解決できる範囲を超えた問題が伏在しているのであって、校則改革だけですべての子どもが幸せになるわけではなく、改革したことによって立ち上がる新たな問題を教育その他の力で乗り越えていく必要がある。実際「開かれた学校づくり」実践で著名な長野県辰野高等学校においても、制服廃止後に徐々に問題が明らかになり、丁寧な議論を経て七年後に標準服制への再見直しが行われた経緯がある（宮下　二〇〇四）。そうした取り組みの主たる担い手は教員にならざるをえず、教員の心理的安全の確保という観点から言えば、校則改革後に何が起こるかという予測可能性を高め、起こりえるトラブルに対して対処可能であろうという組織や社会に対する信頼を醸成する必要がある。そのために科学界が寄与できる役割は大きい。

校則改革をめぐっては、丁寧に議論すればするほど時間が過ぎ、校則改革の火はしぼみ、現状維持という何の解決にもならない結末へと集束していくという皮肉な状況がある。だから校則改革を成功に導くにあたって「校則について迷ったら解禁して様子を見る」といった実験的精神はやはり重要であろう。科学界はそうした教育界の営みに伴走することが可能なはずである。

4　総　括

本章では教師界、生徒界、法律界、科学界の四つの界に限定して、校則改革を促進するための方策を検討してきた。他にも語るべき論点は多いが、いずれにせよ、子どもの権利の保障を目指して行われる各界内外の闘争を促進することが、帰結的に子どもの権利の実現に資すると筆者は考える。

本書の主題「誰が校則を決めるのか」についての筆者なりの回答は「みんなで決める」である。美しく聞こえるかもしれないが、そうではない。界の理論に従えば「子どもの最善の利益」を中核に据えた激烈な闘争それ自体が「子どもの権利」の実質化に寄与するものとなる。

逆に「子どもの権利」をめぐる論争が止めば、沈黙のなかで「大人の論理」がまかり通るだろう、という意味である。
なにはともあれ、二〇一八年の「ブラック校則」の社会問題化を契機として多くの論者の言説参入が生起し、総体として運動が活性化していることは疑うべくもない。論争の過程で意見の異なる他者の悪魔化や異論の封殺を防ぎつつ、「子どもの権利」保障のために知恵を出し合って臨機応変に対処していくことが重要であろう。本書はその一つの実践である。

注

(1)「ブラック校則をなくそう！」プロジェクトウェブサイト「ブラック校則とは」。
(2) 産経新聞「地毛茶色なのに「黒髪強要」で不登校」二〇一七年一〇月二七日など。なお「ブラック校則」という名称については黒人差別を連想させるとの指摘もあり、現在では名付け人である荻上チキも使用していない。本章で使用する場合は括弧を付す(朝日新聞「「ブラック企業」に「黒人差別」の指摘　どう思いますか」二〇二〇年七月二九日)。
(3) BuzzFeed「六人に一人が中学で「下着の色」を決められていた。〝ブラック校則〟実態調査でわかった九つのこと」二〇一八年三月八日。
(4) 国会会議録「第一九六回　参議院文教科学委員会　平成三〇年三月二九日　第四号」。
(5) 朝日新聞「文科省が「置き勉」認める通知　重いランドセル解消へ」二〇一八年九月六日。
(6) WEZZY編集部「都立町田総合高校暴力事件に大人たちが示した異常な過剰反応」二〇一九年一月二六日。
(7) 詳細は山本(二〇一八a)を参照のこと。
(8) 朝日新聞「高野連加盟校アンケート　第一〇〇回全国高校野球」二〇一八年六月一六日。
(9) 神戸新聞NEXT「高校球児、丸刈りのチームは三割弱」二〇二二年七月二四日。

(10)　中国新聞「僕らの野球道　高校野球広島大会①」二〇二二年六月二八日。
(11)　共同通信「校則見直し通知発出、三割弱　教委、不合理規制に対応ばらつき」二〇二一年五月一六日。
(12)　文部科学省「校則の見直し等に関する取組事例について」二〇二一年六月八日。
(13)　東京都教育委員会「都立高等学校等における校則等に関する取組状況について」二〇二二年三月一〇日。
(14)　高知新聞「高知の県立高が校則見直し模索　髪形や服装規定改正例も」二〇二一年九月六日。
(15)　毎日新聞「職場や学校の「白マスク」指定に悲鳴」二〇二〇年四月一八日。
(16)　共同通信「札幌市立中　半数四九校の校則　他クラス出入り禁止　専門家、不合理と指摘」二〇二一年四月一八日。
(17)　朝日新聞「ひたすら「無言清掃」小中学校で広がる　どんな意味が？」朝日新聞デジタル二〇二〇年二月一六日。
(18)　紙幅の都合上、ここでは十分な説明ができない。磯(二〇二〇)第4章二一〇頁以降が参考になる。
(19)　NHKイブニング信州「校則なぜないの？」二〇二二年七月二七日。
(20)　その意味で、熊本市が校則見直しを推進している現実はかなり珍しいものといえる。伝統的支配を打破する点において、遠藤洋路教育長や苫野一徳教育委員のカリスマによるところが大きいのだろう。
(21)　南日本新聞「「一番困っている子に目を向けて」　校則、定期テストを廃止→都内有数の進学校に　元公立中校長・西郷孝彦さんが講演」二〇二二年一月二日。
(22)　SEKAISHA「世田谷区桜丘中学校一〇年間の歩み～日本一自由な公立中学をつくった西郷孝彦校長　退任直前インタビュー①～」二〇二〇年四月八日。
(23)　東京子育て研究所「桜丘中学と世田谷内申ランキング」二〇二〇年九月二九日。
(24)　教員の在校等時間は、連合総合生活開発研究所「教職員の働き方と労働時間の実態に関する調査結果」中間報告(二〇二二年九月七日)による。民間労働者の平均在社時間は、連合総合生活開発研究所「とりもどせ！　教職員の「生活時間」――日本における教職員の働き方・労働時間の実態に関する研究委員会報告書(二〇一六年一二月)」での民間労働者に関する記述より。過労死ライン超過率は文部科学省「教員勤務実態調査(平成二八年度)」。睡眠時間はベネッセ教育総合研究所の「第六回学習指導基本調査」二〇一六年。

(25) 前述の宮下(二〇〇四)のほか、浦野・神山・三上(二〇一〇)、小池由美子(二〇一一)、浦野・勝野・中田・宮下(二〇二二)などが参考になる。

(26) 文部科学省「性同一性障害に係る児童生徒に対するきめ細かな対応の実施等について」二〇一五年四月三〇日。

(27) 文部科学省「校則の見直し等に関する取組事例について」(二〇二一年六月八日)。学校総選挙プロジェクト「女子スラックス制服採用率」調査。なお男子生徒の制服の着用を認めている学校は除外されている。内田(二〇二一a)も参照のこと。

(28) 武田さち子氏調査(二〇一三年九月二八日以降二〇二〇年二月までの件数。大学等の事例を含む(http://www.jca.apc.org/praca/takeda/takeda_data.html)二〇二二年一〇月一〇日最終確認。

(29) ねとらぼ「「児童の健康が全てに優先される」〝置き勉〟自由化を即決した小学校校長の対応に称賛集まる」二〇一八年七月一日。

(30) BuzzFeed「「白の下着は透けない」って本当? 下着屋さんが言わずにはいられなかったこと」二〇一八年八月二五日。

(31) National Center for Education Statistics (https://nces.ed.gov/fastfacts/display.asp?id=50)二〇二二年一〇月一〇日最終確認。

(32) ProCon. org, "History of School Uniforms," 6/21/2022 (https://school-uniforms.procon.org/history-of-school-uniforms/)二〇二二年一〇月一〇日最終確認。

文献

Bourdieu, P., 2000, "Pour une nouvelle 'Aufklärung' européenne" (加藤晴久訳、二〇〇二「知識人とは何か——新たなヨーロッパ啓蒙主義のために」ピエール・ブルデュー著、加藤晴久編『ピエール・ブルデュー 1930-2002』藤原書店).

Bourdieu, P., Waquant L. J. D., 1992, *Réponses: Pour une anthropologie réflexive*, Éditions du Seuil（＝水島和則訳、二〇〇七『リフレクシヴ・ソシオロジーへの招待――ブルデュー、社会学を語る』藤原書店）.

藤井誠二、二〇一三『体罰はなぜなくならないのか』幻冬舎新書。

ゲーレン、A．平野具男訳、一九八五『人間――その本性および自然界における位置』法政大学出版局。

ハーバーマス、J．小牧治・村上隆夫訳、一九九九『哲学的・政治的プロフィール――現代ヨーロッパの哲学者たち〔上〕』未來社。

本田由紀、二〇二〇『教育は何を評価してきたのか』岩波新書。

磯直樹、二〇二〇『認識と反省性――ピエール・ブルデューの社会学的思考』法政大学出版局。

Kahlenberg, Richard D. Ed., 2003, *Public school choice vs. private school vouchers*, The Century Foundation Press.

河﨑仁志・斉藤ひでみ・内田良編著、二〇二一『校則改革――理不尽な生徒指導に苦しむ教師たちの挑戦』東洋館出版社。

小池由美子、二〇一一『学校評価と四者協議会――草加東高校の開かれた学校づくり』同時代社。

児山正史、二〇〇一「校則見直しに対する文部省・教育委員会の影響（1）――公共サービスにおける利用者の自由」弘前大学人文学部『人文社会論叢　社会科学篇』六。

ラバリー、D．二〇〇〇「脱出不能――公共財としての公教育」藤田英典・志水宏吉編『変動社会のなかの教育・知識・権力――問題としての教育改革・教師・学校文化』新曜社。

宮下与兵衛、二〇〇四『学校を変える生徒たち――三者協議会が根づく長野県辰野高校』かもがわ出版。

室橋祐貴、二〇二一「加速する「生徒も交えた校則見直し」。今後どのような判断軸で見直していくべきか？」Yahoo! Japan ニュース個人。

荻上チキ・内田良編著、二〇一八『ブラック校則――理不尽な苦しみの現実』東洋館出版社。

西郷孝彦、二〇一九『校則なくした中学校　たったひとつの校長ルール』小学館。

斉藤ひでみ、二〇二一「高校教師からの令和の校則改革案」『校則改革――理不尽な生徒指導に苦しむ教師たちの挑戦』東洋館出版社。

佐藤伸彦、二〇一七「法教育に対する「法化」論の射程――裁判員教育との関係について」『社会システム研究』四三。

高橋亮平、二〇一七「データ調査をしたら「生徒会長選挙実施はわずか七％」だった。千葉市の先導的取り組み」yahoo! Japan ニュース個人。

竹内常一、二〇一六『新・生活指導の理論――ケアと自治／学びと参加』高文研。

山田哲也、二〇一八「教師のバーンアウトの変化と現代的要因連関」『教師の責任と教職倫理――経年調査にみる教員文化の変容』勁草書房。

山本宏樹、二〇一四「抵抗のための三つの方法――学校の同化圧力を超える」『教育』二〇一四年九月号。

山本宏樹、二〇一六「政治科学の進化論的転回――保革闘争の遺伝子文化共進化について」宮台真司監修、現代位相研究所編『悪という希望――「生そのもの」のための政治社会学』教育評論社。

山本宏樹、二〇一七「特別活動の潜在的機能――社会関係資本・主観的意義・生徒界秩序」『東京電機大学総合文化研究』一五。

山本宏樹、二〇一八ａ「校則・スタンダードに法と科学を――法治型ゼロトレランスと「管理教育２・０」」『教育』二〇一八年九月号。

山本宏樹、二〇一八ｂ「教育信念をめぐる闘争――強権的注入vs.協調的発達支援」『教師の責任と教職倫理――経年調査にみる教員文化の変容』勁草書房。

山本宏樹、二〇一九「これからの校則の話をしよう」『α-SYNODOS』二〇一九年三月一五日(同年六月三日にSYNODOSにて一般公開)。

山本宏樹、二〇二〇ａ「休校中の地域巡回・家庭訪問は必要か?」『教職研修』二〇二〇年六月号。

山本宏樹、二〇二〇ｂ「コロナ禍の生徒指導のポイント」『ポスト・コロナの学校を描く――子どもも教職員も楽しく豊かに学べる場をめざして』教育開発研究所。

内田良、二〇一八「教師への暴力　警察通報にためらい　閉ざされた学校の闇に迫る」Yahoo! Japan ニュース個人。

内田良、二〇二一a「制服の自由化　大人が消極的　コロナ禍の校則見直し」Yahoo! Japan ニュース個人。

内田良、二〇二一b「学校は変われるか——職員室の内と外から教師の働き方を考える」『日本労働研究雑誌』二〇二一年五月号。

浦野東洋一・神山正弘・三上昭彦編、二〇一〇『開かれた学校づくりの実践と理論——全国交流集会一〇年の歩みをふりかえる』同時代社。

浦野東洋一・勝野正章・中田康彦・宮下与兵衛編、二〇二一『開かれた学校づくりの実践と研究——校則、授業を変える生徒たち』同時代社。

おわりに

山本宏樹

本書の原点にあるのは学術界への期待である。

第8章でも述べたとおり、校則改革運動が前回盛り上がりを見せたのは一九八〇年代から九〇年代前半であった。

当時は、修学旅行にヘアドライヤーを持参した男子高校生を教師が体罰によって死に至らしめた「岐陽高校体罰死事件」(一九八五年)や、遅刻しそうになって駆け込んで来た女子生徒が勢いよく閉められた校門に挟まれて死亡した「女子高生校門圧死事件」(一九九〇年)等の凄惨な学校事件報道が世論を突き動かしていた。

そうした報道と並行する形で、公立中学校の丸刈り校則が違憲であるか否かが争われた「熊本丸刈り訴訟」(一九八一年)を嚆矢として、十指に余る校則裁判が提起されたのである。

今日の校則改革運動もまた、本書でたびたび言及される大阪の「黒髪染髪訴訟」(二〇一七年)が発火点になったものであって、その後、応援団による校歌練習や部活動での上級生による丸刈り強要などによって転校を余儀なくされたとする「済々黌高校丸刈り強要訴訟」(二〇一九年)なども見られる。

その他、バスケットボール部の主将が顧問の体罰を苦に自死した「桜宮高校体罰自死事件」(二〇一二年)、発達障害の可能性を指摘されていた生徒に対して執拗に叱責を加えて自死を招いた「福井中二自死事件」(二〇一七年)等の一連の指導死事件もあり、八〇年代当時と情況的に重なる部分は少なくない。

ただ学術界の動向という点では八〇年代当時と大きく異なる部分があるように思われる。八〇年代の校則改革運動における教育研究者の存在感は、今回と比べて非常に大きかったように思われるのである。

その最たるものとして、一九八六年に大田堯(日本教育学会会長)や永井憲一(日本教育法学会会長)の呼びかけによって結成された「子どもの人権保障をすすめる各界連絡協議会(子どもの人権連)」の活動が挙げられる。

「子どもの人権連」には日本教職員組合、日本高等学校教職員組合を含め四〇を超える団体が加盟し、国連「子どもの権利条約」の採択(一九八九年)を期に校則改革を進めようという気運の高まりに貢献した。

当時において、学校事件や校則裁判は教育研究の重要な孵卵器でもあった。教育法分野に限っても今橋盛勝『教育法と法社会学』(三省堂、一九八三年)、坂本秀夫『「校則」の研究』(三一書房、一九八六年)、高野桂一『生徒規範の研究』(ぎょうせい、一九八七年)といった不朽の名著が続々と誕生した。

八〇年代においては、複数の現職高校教員が「生きた教育法」を唱えて教育法学の第一線で活躍していた事実も興味深い。その成果として、長らく都立高校の教員であった前述の坂本秀夫が他の一五名の高校教諭らと出版した『生活指導の法的問題』(ぎょうせい、一九八七年)などがある。

校則裁判は敗訴が続いたが、裁判外効果として見れば、校則改革運動が教育研究を深化させ、深化した教育研究が運動を促進させるという好ましい往還関係があったように思われるのである。

翻って今日の校則改革運動を見るとき、本書の共編者でもある内田良氏を筆頭にして個々の研究者の奮闘には輝きがあり、また教員の指導の適切性を争点とする学校事故調査委員会の設置が相次ぐなかで、各地の教育研究者が委員として活躍する場合も少なからずある。

ただ、八〇年代にみられたような教育研究者による運動の組織化は生起しておらず、校則研究や反管理主義教育実践に関する浩瀚な研究蓄積が活かされることもいまだ多くないように思われる。

本書はそうした情況を踏まえ、先人の研究蓄積に学びつつ、まずは今日の校則研究の広がりを描こうとする意図で編まれたものである。

執筆者の選定にあたっては、他の出版動向も睨みながら、各界で注目を浴びている校則研究者である鈴木雅博、福嶋尚子、大津尚志の三氏にお声がけをさせていただいた。加えて、校則研究の新たな視角として、末冨芳氏に「スクールリーダーシップ」、西倉実季氏に「ルッキズム」の観点から論じていただくことができた。さらに、一九八〇年代の蓄積に学ぶという意味で、松田洋介氏に全国生活指導研究協議会の実践的展開に関するご寄稿を頂けたことも、本書の特長といえよう。

執筆者各位には、今日の校則改革に対する示唆をいただくようにお願いをし、時には失礼を承知で想定される反論についても検討をいただいた。編者の不躾な言動に忍耐強く付き合い、質の高い論考を成してくださった執筆者各位に、この場を借りて御礼を申し上げたい。

前述のとおり、前回の校則改革運動は一九八一年を契機として約一五年間にわたって進展した。今回の校則改革運動についても、二〇一七年の「黒髪染髪訴訟」を契機として産声を上げたものと見れば、まだ折り返し地点にも達していないといえよう。本書の出版を契機として、校則研究の一層の深化と社会還元が果たされることを期待したい。

執筆者紹介

内田　良　はじめに・第1章　奥付参照

山本宏樹　第8章・おわりに　奥付参照

松田洋介（まつだ・ようすけ）　第2章
大東文化大学教授．教育社会学．共編著に『低所得層家族の生活と教育戦略』（明石書店），共著に『震災と学校のエスノグラフィー』（勁草書房），共編著に『「復興」と学校』（岩波書店）ほか．

鈴木雅博（すずき・まさひろ）　第3章
明治大学准教授．教育経営学・教育社会学．著書に『学校組織の解剖学』（勁草書房），論文に「学校研究における組織エスノグラフィーの現在」（『社会と調査』26），「下校時刻は何の問題として語られたか」（『教育社会学研究』105）ほか．

末冨　芳（すえとみ・かおり）　第4章
日本大学教授．教育行政学，教育財政学．共著に『子育て罰』（光文社新書），編著に『一斉休校　そのとき教育委員会・学校はどう動いたか？』（明石書店），論文に「教育における公正はいかにして実現可能か？」（『日本教育経営学会紀要』63）ほか．

福嶋尚子（ふくしま・しょうこ）　第5章
千葉工業大学准教授．教育行政学，教育法学．著書に『占領期日本における学校評価政策に関する研究』（風間書房），共著に『隠れ教育費』（太郎次郎社エディタス），『#教師のバトン とはなんだったのか』（岩波ブックレット）ほか．

西倉実季（にしくら・みき）　第6章
東京理科大学准教授．社会学．著書に『顔にあざのある女性たち』（生活書院），論文に「外見が「能力」となる社会」（『現代思想』47(12)），「「ルッキズム」概念の検討」（『和歌山大学教育学部紀要(人文科学)』71）ほか．

大津尚志（おおつ・たかし）　第7章
武庫川女子大学准教授．教育学，教育課程論・公民教育論．著書に『校則を考える』（晃洋書房），共編著に『新版　教育課程論のフロンティア』（晃洋書房），共著に『フランスのバカロレアにみる論述型大学入試に向けた思考力・表現力の育成』（ミネルヴァ書房）ほか．

編　者

内田　良

名古屋大学教授．教育社会学．教員の働き方，部活動，校則，スポーツ事故や組み体操事故などの教育問題を広く情報発信している．著書に『教育という病』(光文社新書)，『ブラック部活動』(東洋館出版社)，共編著に『ブラック校則』(東洋館出版社)，編著に『部活動の社会学』(岩波書店)ほか．

山本宏樹

大東文化大学准教授．教育社会学，教育科学．不登校・いじめ・体罰などの教育関連の諸現象について研究．共著に『ポスト・コロナの学校を描く』(教育開発研究所)，論文に「校則指導の新たな争点」(『季刊教育法』204)，「無言清掃はどこからきたのか」(『教育』2019年12月号)，「これからの校則の話をしよう」(『αシノドス』261)ほか．

だれが校則を決めるのか—民主主義と学校

2022年12月14日　第1刷発行
2023年 2 月15日　第2刷発行

編　者　内田　良（うちだ りょう）　山本宏樹（やまもとひろき）

発行者　坂本政謙

発行所　株式会社 岩波書店
〒101-8002 東京都千代田区一ツ橋 2-5-5
電話案内 03-5210-4000
https://www.iwanami.co.jp/

印刷・三陽社　カバー・半七印刷　製本・松岳社

ISBN 978-4-00-061575-4　　Printed in Japan